असग़र वजाहत

असग़र वजाहत का नुक्कड़ नाटक *सबसे सस्ता गोश्त* बहुत चर्चित रहा है और जिसका प्रदर्शन हज़ारों बार हो चुका है। इसमें कई बार विख्यात अभिनेत्री शबाना आज़मी ने भी भाग लिया। नाटक, उपन्यास, निबन्ध, कहानी और यात्रा-वृत्तान्त—सभी विधाओं में लिखने वाले असग़र वजाहत लम्बे अरसे तक जामिया मिल्लिया विश्वविद्यालय के हिन्दी विभाग में प्रोफ़ेसर और अध्यक्ष के पद पर कार्यरत रहे। 2009-10 में हिन्दी अकादमी ने उन्हें 'श्रेष्ठ नाटककार' के सम्मान से सम्मानित किया और 2012 में 'आचार्य निरंजननाथ सम्मान' से नवाज़ा गया। गहरी सांस्कृतिक चिन्ताओं से उपजा असग़र वजाहत का लेखन कला की कसौटी पर आलोचकों द्वारा खूब सराहा गया है।

सबसे सस्ता गोश्त

(नुक्कड़ नाटक संग्रह)

असग़र वजाहत

राजपाल

ISBN : 9789350643723

प्रथम संस्करण : 2015 © असग़र वजाहत

SABSE SASTA GOSHT by Asghar Wajahat

राजपाल एण्ड सन्ज़

1590, मदरसा रोड, कश्मीरी गेट-दिल्ली-110006
फोनः 011-23869812, 23865483, फैक्सः 011-23867791
e-mail : sales@rajpalpublishing.com
www.rajpalpublishing.com
www.facebook.com/rajpalandsons

क्रम

नाटक और नुक्कड़ नाटक — 7

नुक्कड़ नाटक : पच्चीस साल बाद — 16

सड़क पर — 23

मोतियाबिन्द — 35

फ़र्क कहाँ है — 48

आग — 54

सबसे सस्ता गोश्त — 61
(मूल नाटक)

सबसे सस्ता गोश्त — 68
(महाराष्ट्र की नाटक मण्डली
द्वारा प्रस्तुत नाटक)

क्या उपाय है — 84

मुरलीधर की मुरली — 91

पूरा प्यार — 99

देखो, वोट बटोरे अन्धा — 111

जल्दी-जल्दी में — 119

ज्ञान मार्ग — 126

नाटक और नुक्कड़ नाटक

नाटक हो या नुक्कड़ नाटक उसका अन्तिम और सबसे महत्त्वपूर्ण छोर है दर्शक। मतलब यह है कि नाटक की परिकल्पना से लेकर उसके लिखने और मंच तक पहुँचने का एक अत्यन्त स्पष्ट लक्ष्य दर्शक होता है। कविता और कहानी लिखने वाले ये कहने का जोखिम उठा सकते हैं कि अपने लिए रचते हैं। फ़िल्मकार या नाटककार यह कह ही नहीं सकता। दर्शक यानी नाटक और नुक्कड़ नाटक के अन्तिम छोर से यह बात शुरू की जाये कि नाटक और नुक्कड़ नाटक में क्या फ़र्क है, तो मुद्दे शायद स्पष्ट हो सकें।

नाटक में थोड़ी-सी भी रुचि लेने वाला यह जानता है कि नाटक के दर्शक नहीं हैं। यदि दिल्ली में दर्शक के अभाव के कारण रंगकर्म सार्थक नहीं हो पाता तो अन्य जगहों की बात ही क्या है। अक्सर कहा जाता है कि हिन्दी में रंगमंच के संस्कार नहीं हैं। सत्यदेव दूबे को मुम्बई में यही शिकायत रही तो दिल्ली में भी ऐसी शिकायतें करने वालों की कमी नहीं है कि दर्शक नहीं हैं। पर शहर में इतने लोग हैं, लाखों...उनमें दर्शक क्यों नहीं हैं? नाटक वाले संस्कार की बात कहते हैं। लेकिन नुक्कड़ नाटक वाले हमेशा कहते हैं कि उन्हें दर्शकों का अभाव नहीं है। दर्शक बहुत हैं तब यह बात समझ में आती है कि दोनों प्रकार के नाटकों को करने वालों की दर्शक सम्बन्धी धारणाएँ अलग-अलग हैं। आधुनिक हिन्दी नाट्य आन्दोलन के पितामह और नेशनल स्कूल ऑफ़ ड्रामा के भूतपूर्व निदेशक इब्राहिम अल्काज़ी, जिनके बनाये विधानों पर आज तक हिन्दी का सम्भ्रान्त रंगमंच चल रहा है, के शब्दों में, 'मैं सुरुचि-सम्पन्न दर्शक चाहता हूँ, जो भले ही संख्या में कम हों, लेकिन नाटक के प्रति उनके मन में गहरी रुचि हो और

वह रुचि नितान्त बोदी न हो। मैं सच कहूँ, अपने दर्शकों का बेहद सम्मान करता हूँ।'

अल्काज़ी जैसे दर्शक जो चाहते हैं वह ऊपर दिये गये उदाहरण से ज़ाहिर है। मतलब यह कि ये नाटक का दर्शक रुचि सम्पन्न व्यक्ति को मानते हैं। यानी उनके लिए नाटक का लेखन, उसकी तैयारी, सेट, विषय-वस्तु, सज्जा मंचन आदि जो कुछ भी है वह एक 'सुरुचि सम्पन्न' व्यक्ति के लिए होना चाहिए। ज़ाहिर है कि पूरा काम 'रिसीविंग एण्ड' को सामने रखकर किया जाता है, और यह पहले से निश्चित कर लिया जाता है कि 'रिसीविंग एण्ड' क्या है, उसमें कोई लचीलापन नहीं है। उसमें साधारण दर्शक के लिए स्थान नहीं छोड़ा जाता है। लेकिन अल्काज़ी के बयान का अन्तिम वाक्य था कि वे 'अपने' दर्शक का बेहद सम्मान भी करते हैं। बहुत महत्त्वपूर्ण है। यहाँ केवल 'अपने' शब्द पर ज़ोर देकर देखें तो पूरा नज़रिया साफ़ हो जायेगा।

बात साफ़ हो जाती है, अल्काज़ी जैसा व्यक्ति जिसे 'रुचि सम्पन्न' माने उस दर्शक की संख्या दिल्ली जैसे शहर में कितनी होगी। तब दर्शक कम हैं या बहुत कम हैं, सवाल ही नहीं उठता। पूरा खेल यदि एक विशेष प्रकार के लोगों के लिए हो रहा है तो हो, किसी और को उससे क्या मतलब और खेल दिखाने वाले को क्या शिकायत। लेकिन शिकायतें करने से अपना पक्ष मज़बूत होता है। मसलन हम प्रायः 'साधारण सम्पन्न' टेक्सदाताओं का यानी सरकारी या किसी संस्था का लाखों रुपया खर्च करके रुचि सम्पन्न लोगों के लिए नाटक करते हैं और ज़ाहिर है कि उसे केवल 'रुचि सम्पन्न' देखते हैं जिनकी गिनती कम ही होगी, तो हम आसानी से अपने बचाव में कह सकते हैं कि हिन्दी प्रदेशों में 'नाटक कल्चर' नहीं है। अब गलती नाटक करने वाले की नहीं, जनता की हो जाती है और जनता को सुधारने का किसी ने ठेका नहीं ले रखा है।

दर्शक के सम्बन्ध में ही अल्काज़ी से अधिक स्पष्ट बयान है नाटककार डॉ. लक्ष्मीनारायण का—"जैसे पहला दर्जा निर्देशक का है, दूसरा दर्जा अंग्रेज़ी समीक्षक का है, हिन्दी का वह भी नहीं, तीसरा दर्जा मैनेजर का है। चौथा दर्जा अभिनेता का है और पाँचवाँ दर्जा नाटककार का है। छठा दर्जा दर्शक

का है।" यहाँ बात साफ़ है कि 'रिसीविंग एण्ड' का कोई महत्त्व नहीं है। क्योंकि वह 'सुरुचि सम्पन्न' नहीं है। शुरू से लेकर अन्त तक उसे भुलाकर सब काम किये गये हैं तो वह नाटक देखने क्यों जाये।

हमारे रंगकर्मियों की ढकी-छिपी धारणा यह है कि वह बड़े-बड़े हॉलों में चुनिन्दा लोगों के लिए नाटक करते हैं। उन्हें साधारण लोगों से कोई मतलब नहीं है। वे पूरी तरह उनकी नाटक की दुनिया से खारिज कर दिये गये हैं। उनका दाख़िला वहाँ वर्जित है। पहली बात तो यह है कि नाटकों का लक्ष्य ऐसा होता है जिसमें साधारण लोगों को न अपनी ज़िन्दगी दिखाई पड़ती है न अपनी समस्याएँ। शैली ऐसी उबाऊ होती है कि उसे सहन कर पाना असम्भव हो जाता है। सोने पर सुहागा यह कि टिकट इतना महँगा रखा जाता है कि वे जाने के बारे में सोच भी नहीं सकते। तात्पर्य यह है कि हमारा नाटक परिदृश्य साधारण लोगों की उपेक्षा करता है। क्या केवल इसलिए कि वे 'सुरुचि सम्पन्न' नहीं हैं। नहीं, ये तो एक बहाना है। जब शुरू से ही साधारण लोगों को सप्रयास 'बाहर' रखा जायेगा तो अचानक वे दर्शक कैसे बन जायेंगे।

'सुरुचि सम्पन्न' दर्शकों के लिए दिल्ली के हॉलों में टेक्सदाताओं के लाखों रुपये से जो नाटक खेले जाते हैं, वे कैसे हैं? पैसे से मतलब यहाँ अच्छे-बुरे से नहीं बल्कि यह है कि वे किस प्रकार के नाटक हैं? ज़ाहिर है कि वे अपने 'रिसीविंग एण्ड' को ध्यान में रखकर लिखे–खेले जाते हैं। चूँकि उनका 'रिसीविंग एण्ड' साधारण आदमी नहीं होता। इसीलिए अब नाटकों में साधारण आदमी के जीवन, समस्याओं, अभिरुचियों तथा उसकी संस्कृति का अभाव ही नहीं होता, वे नदारद होती हैं। तीन रास्ते हैं–योरोपीय नाटकों के अनुवाद, संस्कृत नाटकों का फूहड़ एडॉप्टेशन या लोक-शैलियों पर आधारित मौलिक नाटक जो बड़ी संस्थाओं ने किये हैं वे भी 'सुरुचि सम्पन्न' दर्शकों की मनोवृत्तियों को ध्यान में रखकर लिखे गये थे। *अन्धा युग, सूरज की पहली किरण...* या *आषाढ़ का एक दिन।* जो नाटक कहीं से भी, धोखे से ही सही, 'सुरुचि सम्पन्न' कला मूल्यों से भटके उन्हें कम-से-कम दर्शकों के स्तर पर भारी सफलता मिली जैसे *बेगम का तकिया* आदि।

अंग्रेज़ी के अनूदित नाटक या संस्कृत नाटकों का चरबा या 'सुरुचि

सम्पन्न नाटक' साधारण लोग क्यों देखेंगे। जब कि वे उनके लिए हैं ही नहीं। अब बचती है लोक-नाट्य परम्परा। किसी भी लोक-शैली को ले लें। उदाहरण के लिए नौटंकी। इतना तो स्पष्ट है कि लोक-शैली विशेष परिस्थितियों में विकसित होती, अर्थ देती और बदलती रहती है। यदि वह कहीं सार्थक होती है तो अपने परिवेश में ही सार्थक होती है। हम जब उसको दिल्ली जैसे महानगर में प्रस्तुत करते हैं तो यह भाव मन में आता है कि उन्हें संरक्षण दिया जा रहा है। अव्वल तो उन्हें बड़े शहरों में करके संरक्षण दिया ही नहीं जा सकता ठीक उसी तरह जैसे किसी अच्छे शिकारी को उसके परिवेश से हटाकर उससे दफ़्ती के टुकड़ों पर निशाने साधने को कहा जाये दफ़्ती पर वह निशाना लगा लेगा। वाह-वाही भी लूट लेगा। पर वह शिकारी न रह जायेगा। लोक-शैलियों के साथ दूसरा खतरा यह है कि हम उन्हें अपनी 'सुरुचि सम्पन्न' अभिरुचियों के अनुसार तोड़ते-मरोड़ते हैं, यानी उसे 'टूरिस्ट एट्रेक्शन' की चीज़ बना देते हैं। इससे नाम और पैसा दोनों कमाया जा सकता है लेकिन लोक-शैलियों का संरक्षक बनने का दावा नहीं किया जा सकता। इसमें सन्देह नहीं कि हमारा रंगमंच लोक-शैलियों का इस्तेमाल उसी तरह कर रहा है जैसे कोई सम्भ्रान्त व्यक्ति अपनी खाने की मेज़ पर कभी-कभी लस्सन की चटनी का मज़ा भी चख लेता है।

लोक-शैलियों को महानगर में आयात करने के जो प्रभाव उस क्षेत्र विशेष में पड़ते हैं जहाँ से हम उन शैलियों या कलाकारों को लाते हैं, घातक होते हैं। हम उन्हें उनकी जड़ों से काट देते हैं लेकिन दूसरी जड़ें नहीं दे पाते। दिल्ली में कौन रातभर नौटंकी देखेगा? फिर यही लोक-कलाकार 'सुरुचि सम्पन्न' होकर अपने गाँवों में जाकर वहाँ लोगों को क्या प्रेरणा देंगे? एक ऐसी व्यावसायिकता की शुरूआत हो जाती है, जिसका अन्त बहुत करुण होता है।

मुख्य सवाल यह है कि कलाएँ, जिनमें नाटक भी शामिल हैं, राजाश्रय या सेठाश्रय में फल-फूल सकती हैं? 'अभिरुचि सम्पन्न' गिने-चुने लोग उस धरोहर को सँभाल सकते हैं, विकसित कर सकते हैं या नहीं? हमारे भारतीय साहित्य और कलाओं में लोकधर्मिता पर जो बल दिया जाता है उसके पीछे यही तर्क है कि संस्कृति समाज की सम्पत्ति है, धरोहर है

जिसे साधारण जन पालते, विकसित करते, बदलते हैं। वह उनके जीवन का हिस्सा बन जाती है। उन्हें प्रेरणा देती है। राजाश्रय-सा सेठाश्रय पैसा दे सकता है पर पैसा प्रेरणा नहीं होता।

'सुरुचि सम्पन्न' नाटक और नुक्कड़ नाटक में प्रेरणा का यही स्रोत भिन्न होता है। जिस तरह नाटक का आधारभूत ढाँचा अपने 'रिसीविंग एण्ड' यानी सम्भ्रान्त दर्शक को केन्द्र मानकर चलता है उसी तरह नुक्कड़ नाटक साधारण जन को केन्द्र में रखकर बाकी बातों को उसके अधीन मानता है और यही वजह है कि नाटक के शास्त्रीय पंडित 'नुक्कड़ नाटक' को नाटक मानने से इनकार करते हैं। बड़ी-बड़ी संस्थाएँ या नेशनल स्कूल ऑफ़ ड्रामा नुक्कड़ नाटक के अस्तित्व से लगभग इनकार करती हैं। तर्क कोई नहीं दिया जाता केवल यह कहा जाता है कि नुक्कड़ नाटक नाम की कोई चीज़ नहीं है। मतलब यह कि उनके अस्तित्व को अस्वीकार करने के बाद बहस या बातचीत की गुंजाइश खत्म हो जाती है।

नुक्कड़ नाटक में दर्शक और नाटक का सम्बन्ध बहुत महत्त्वपूर्ण और रोचक होता है। यहाँ यह बात ध्यान में रखनी ज़रूरी है कि नुक्कड़ नाटक का दर्शक 'सुरुचि सम्पन्न' नाटक के दर्शक से केवल इतना ही भिन्न नहीं होता कि उनमें 'सम्भ्रान्त' और 'साधारण' का अन्तर होता है। उनमें अन्तर यह होता है कि सम्भ्रान्त नाटक का दर्शक घर से तय करके टिकट एडवांस लेकर निकलता है। दूसरी ओर नुक्कड़ नाटक का दर्शक सड़क पर चलता-फिरता मध्य या निम्न-मध्यवर्ग का वह आदमी है जो घर से कुछ खरीदने निकला है। जल्दी में, हड़बड़ी में, उसे नुक्कड़ नाटक रुकने पर बाध्य कर देता है। दर्शक का यही आधार नुक्कड़ नाटक की वह धुरी है जहाँ से सब कुछ शुरू होता है। मिसाल के लिए मिट्टी का तेल, सब्ज़ी या नमक खरीदने निकले आदमी की दिलचस्पी किन विषयों में हो सकती है, महँगाई, बेरोज़गारी, अन्य शोषण, नौकरशाही की मार खाया यह आदमी निश्चित रूप से किसी शास्त्रीय समस्या में क्यों रुचि लेगा? इस पिटे हुए बौखलाए आदमी को सबसे पहले कोई ऐसी चीज़ आकर्षित करेगी जिसमें उसका बिना पैसे का मनोरंजन होता दिखाई दे। कोई भी मनोरंजक घटना जो उसे घसीट लाती है। मनोरंजन से मतलब यह नहीं कि वह उसकी ज़िन्दगी से कटा हुआ कोई स्वरूप हो।

इस तरह नुक्कड़ नाटक का सबसे महत्त्वपूर्ण तत्त्व वह शुरूआत है जो मनोरंजक घटना को द्वन्द्वात्मक विकास में निहित रखता है जिस तरह फ़िल्म में समय की परिकल्पना वास्तविक जीवन से भिन्न होती है। उसी तरह नुक्कड़ नाटक और नाटक की समयगत अवधारणा में अन्तर होता है। जिस गति से और जितने समय में नाटक जितना आगे बढ़ता है उससे कहीं तेज़ गति नुक्कड़ नाटक की होती है। यह गति नुक्कड़ नाटक की दूसरी बुनियादी खूबी होती है।

नुक्कड़ नाटक शुरू होते ही इतनी तेज़ गति से आगे बढ़ता है कि चरम उत्कर्ष तक पहुँचने के अतिरिक्त दूसरे सारे मुद्दे गौण हो जाते हैं, जैसे नुक्कड़ नाटक में पात्रों को विकसित करने का समय नहीं मिल पाता या परिवेश को सामने लाने का मौका नहीं मिलता। ये दोनों काम तेज़ गति से आगे बढ़ते हुए इस तरह करने पड़ते हैं कि नुक्कड़ नाटक की गति की क्षति हुए बिना सांकेतिक ढंग से भाव-भंगिमाओं के माध्यम से चरित्र और परिवेश को उभारा जाता है। उदाहरण के लिए एक लापरवाह आलसी भ्रष्ट डॉक्टर नाटक में जिस तरह आयेगा वैसा नुक्कड़ नाटक में ही आ सकेगा। नाटक लिखने और करने वाला डॉक्टर के स्वरूप को स्थापित करने के लिए कुछ समय लेगा तब नाटक के मुख्य कथा सूत्र की ओर आयेगा। लेकिन नुक्कड़ नाटक में कथा सूत्र के आगे बढ़ने की प्रक्रिया में ही डॉक्टर के स्वरूप को विकसित किया जायेगा। यह करना कठिन होता है। यहाँ थोड़ा ज़्यादा 'इमेजिनेटिव' होना ज़रूरी है। चरित्र को बहुआयामी बनाने के लिए निर्देशक और अभिनेता एक-एक क्षण तथा एक-एक शब्द का प्रयोग सतर्कता से करेंगे। इस तरह तेज़ गति के साथ चरित्र का विकास नुक्कड़ नाटक में अभिनय की नई शैली को जन्म देता है। यह अभिनय निश्चित रूप से परम्परावादी नाटक के अभिनय से भिन्न ही नहीं जटिल भी होता है। यहाँ अभिनेता को हर क्षण कुछ-न-कुछ ऐसा करना होता है जिससे नाटक की गति भी बढ़े और चरित्र का विकास भी होता रहे। नुक्कड़ नाटक ने अभिनय की इस चुनौती को स्वीकार किया है और अलग-अलग क्षेत्रों में क्षेत्र विशेष की लोक-शैलियाँ नुक्कड़ नाटक में घुल-मिल गयी हैं।

नुक्कड़ नाटक के मंचन में चूँकि मंच होता ही नहीं। परिधानों की

व्यवस्था नहीं होती। इसलिए परिवेश का बोध कराने का काम भी अभिनेता को ही करना पड़ता है। मतलब सांकेतिक मंच व्यवस्था का भार भी अभिनेता पर आ जाता है। इसलिए निश्चय ही नुक्कड़ नाटक में अभिनेता का काम जटिल होता है।

नुक्कड़ नाटक का लचीलापन यानी समय तथा परिस्थितियों के अनुसार लेखक द्वारा लिखित नुक्कड़ नाटक में परिवर्तन भी नुक्कड़ नाटक की अपनी विशेषता है। यह काम उतना सरल नहीं होता जितना प्रायः समझा जाता है। टिकट देकर आये भाड़े पर लाये दर्शक दस-पाँच मिनट बोर होने की सामर्थ्य रखते हैं। पर नुक्कड़ नाटक का दर्शक उखड़ते देर नहीं लगती। इसलिए नुक्कड़ नाटक का लचीलापन कहीं-कहीं खतरनाक भी साबित हो सकता है।

नुक्कड़ नाटक का बहुत स्पष्ट रूप से समाज और राजनीति से जुड़ा होना अनिवार्य है। राजनीति शब्द का प्रयोग यहाँ स्थूल अर्थ में नहीं किया जा रहा है। आज हमारे जीवन में राजनीति का वही स्थान है जो मध्ययुग में धर्म का था। यानी एक आदमी के साथ जन्म से लेकर मृत्यु तक जो कुछ होता है वह सब राजनीति से प्रेरित होता है। यदि पूरी व्यवस्था का ढाँचा एक प्रकार की राजनीति पर खड़ा किया गया है और हम उसमें रहते हैं तो उससे कैसे बच सकते हैं।

बेरोज़गारी, भ्रष्टाचार, महँगाई, अत्याचार, साम्प्रदायिकता का सामना अपनी रोज़ाना की ज़िन्दगी में नुक्कड़ नाटक के दर्शकों को करना पड़ता है। ये सब एक राजनीतिक व्यवस्था की देन है। इन अर्थों में नुक्कड़ नाटक जनता का पक्षधर है और इसी कारण जनता का संरक्षण उसे प्राप्त है। इसीलिए नुक्कड़ नाटक का भविष्य है। वह किसी मृत परम्परा का ढाँचा नहीं है जिसे सेठाश्रय या राजाश्रय जिलाये रखने पर तुला हो।

भारत में नुक्कड़ नाटक की शुरूआत लगभग चालीस साल पहले हुई थी। आज नुक्कड़ नाटक का परिदृश्य 'अभिरुचि सम्पन्न' नाटक की तुलना में अधिक जीवन्त और सार्थक है। उसे लोगों का अधिक समर्थन प्राप्त है। सभी हिन्दी प्रदेशों में नुक्कड़ नाटक मण्डलियाँ बहुत सक्रिय हैं। एक-एक नुक्कड़ नाटक के सौ-सौ प्रदर्शन कर लेना उनके लिए मामूली बात है। सब

तथ्यों से अनुमान लगाया जा सकता है कि नुक्कड़ नाटक किस दिशा में आगे बढ़ रहा है।

नुक्कड़ नाटकों पर प्रायः आक्षेप लगाया जाता है कि वे विशुद्ध प्रचार करते हैं। आक्षेप दरअसल यह होना चाहिए कि उनके प्रचार करने का तरीका शक्तिशाली नहीं है। क्योंकि शक्तिशाली तरीकों से विशुद्ध प्रचार भी संकुचित अर्थों में प्रचार नहीं रह जाता है ठीक उसी तरह जैसे *लहरों के राजहंस* या मोहन राकेश के अन्य नाटकों पर यह आक्षेप नहीं लगाया जा सकता कि वे घटिया राजनीतिक प्रोपेगेंडा के नाटक हैं जबकि राजनीतिक तो वे हैं ही।

इसमें सन्देह नहीं कि नुक्कड़ नाटकों में तात्कालिक राजनीतिक समस्याएँ या मुद्दे उठाए जाते हैं और इसका मुख्य ध्येय दर्शकों की चेतना का विकास करना और उन्हें आन्दोलित करना होता है। लेकिन यह बात मानने से इनकार नहीं किया जा सकता कि नुक्कड़ नाटक यदि बेअसर तरीके से यह काम करता है तो उसकी ज़िम्मेदारी पूरी नहीं हो पाती। सवाल यह है कि नुक्कड़ नाटक में हम जो बात कहते हैं वह दूसरे लोगों के माध्यम से दूसरे तरीकों से प्रायः कही जा चुकी है; पर तब भी हम उसे नुक्कड़ नाटक के माध्यम से क्यों कहना चाहते हैं?

मतलब साफ़ है कि हम उस विचार या बात को उस प्रकार कहे जाने के तरीके को ही पर्याप्त नहीं मानते बल्कि नुक्कड़ नाटक को उससे बेहतर तरीका मानते हैं। उदाहरण के लिए नेतागण यह कहते नहीं थकते कि समाज में भ्रष्टाचार है, जातिवाद है, ऊँच-नीच है—फिर इस पर नाटक इसलिए लिखा जाता है कि वह भाषण की तुलना में अपनी बात दूसरों तक पहुँचा सकने का 'बेहतर' तरीका है, तो चुनौती उसे बेहतर सिद्ध करने की है। मान लीजिए आपका नुक्कड़ नाटक नेता के भाषण के समान ही हो गया—उसकी प्रेषणीयता या रोचकता उसी स्तर की हो गई और लोगों को नुक्कड़ नाटक उतना ही आकर्षित कर सका या प्रभावित कर सका जितना नेताजी का भाषण करता है तो नुक्कड़ नाटक लिखने या करने का क्या फ़ायदा?

आज नुक्कड़ नाटक को एक ओर अभिजात्य अभिरुचियों से बचना है तो दूसरी ओर एक और एक दो के 'गणित' से भी बचना है। कहते हैं—न तो इतने मीठे रहो कि लोग गप्प से खा जायें और न इतने कड़ुवे

हो कि लोग ज़ुबान पर रखते ही थूक दें।

तात्कालिक राजनीतिक ज़रूरतें पूरी करने का काम नुक्कड़ नाटक करता है पर उसका अन्दाज़ अलग होता है। यदि उसने वही गणित अपनानी चाही जो 'सरलीकरण' को प्राथमिकता देती है तो नतीज़े शायद अच्छे न निकलें। उदाहरण के लिए आप पंजाब समस्या पर पूरा नाटक तैयार कर लेते हैं, बिलकुल गणित के सवाल की तरह और उसके बाद राजीव गाँधी और लोंगोवाल समझौता हो जाता है। अब? आपका नाटक कहाँ जायेगा? या आपने किसी राजनीतिक समझौते पर नाटक तैयार किया और समझौता टूट गया।

एक और अन्य बात यह है कि नुक्कड़ नाटक करने और लिखने वालों को यह सोचने की आवश्यकता है कि राजनीति केवल नारेबाज़ी में ही नहीं है। छोटी-छोटी ऐसी समस्याएँ, या तरह-तरह के कथानक जो देखने में किसी भारी राजनीतिक कलेवर के न भी हों, तो भी अपनी अन्तर्वस्तु में एक विशेष राजनीतिक समझ विकसित करने में सहायक हो सकते हैं। विशुद्ध सैद्धान्तिक और भाषणनुमा ढंग अपनाने से अच्छा है कि छोटी-मोटी समस्याएँ; दिन में दसियों बार होने वाली बातों और ऐसे प्रसंगों को लिया जाये जो राष्ट्रीय या अन्तरराष्ट्रीय स्तर की न होते हुए भी वैज्ञानिक समझ और कलात्मक संवेदना का विकास करें। इस प्रकार निश्चय ही नुक्कड़ नाटकों में रोचकता बढ़ेगी जो एक बुनियादी शर्त है—

कहते हैं कि नुक्कड़ नाटक 'छापामार युद्ध' है। वही ज़रूरतें, वही राजनीति, कलात्मक अनुशासन और लक्ष्य पर दृष्टि होनी चाहिए और जनाधार—जिस तरह 'छापामार युद्ध' जनता से शक्ति प्राप्त करता है और उसे शक्तिशाली बनाता है उसी तरह नुक्कड़ नाटक भी एक हाथ से लेता है तो दूसरे हाथ से देता है।

—असग़र वजाहत

नुक्कड़ नाटक : पच्चीस साल बाद

सन् 1964 में 'कम्युनिस्ट पार्टी ऑफ़ इंडिया' में विभाजन हो चुका था। यह विभाजन पार्टी के जन-संगठनों में क्रमशः होता चला गया। किसान, मज़दूर, छात्र मोर्चों पर सी.पी.एम. ने अपने अलग संगठन बनाये लेकिन साहित्य और संस्कृति के मोर्चे पर प्रगतिशील लेखक संघ के अन्तर्गत ही दोनों कम्युनिस्ट दलों को समर्थन देने वाले साहित्यकार एक साथ थे। लेकिन प्रलेस (प्रगतिशील लेखक संघ) में पार्टी विभाजन का प्रभाव साफ़ दिखाई पड़ने लगा था। प्रलेस बाँदा सम्मेलन में यह साफ़ हो गया था कि अब प्रलेस का विभाजन भी हो जायेगा और कम्युनिस्ट पार्टी मार्क्सवादी को समर्थन देने वाले साहित्यकारों का अलग संगठन बनेगा। दिल्ली में 1970 के आस-पास 'जन नाट्य मंच' की स्थापना की गयी। यह सी.पी.एम. समर्थक नाट्य मंच था। इससे पहले संयुक्त कम्युनिस्ट पार्टी का नाट्य मंच 'इंडियन पीपुल्स थियेटर' (इप्टा) कभी एक सशक्त मंच था जो धीरे-धीरे अपनी सक्रियता से निष्क्रियता की तरफ़ बढ़ रहा था।

'जन नाट्य मंच' ने प्रारम्भ में प्रसिद्ध नाट्य समीक्षक कविता नागपाल के नेतृत्व में नुक्कड़ नाटक प्रस्तुत करने का दायित्व उठाया था। कविता नागपाल ने कई प्रभावशाली नुक्कड़ नाटक भी किये थे। चूँकि हिन्दी प्रदेशों में नुक्कड़ नाटक की कोई परम्परा नहीं थी, इसलिए प्रेरणा केवल बांग्ला के नुक्कड़ नाटकों से ही मिल रही थी। सफ़दर हाशमी भी इस मंच में अत्यन्त प्रमुख स्थान रखते थे और सम्भवतः उन्हीं के कारण इस मंच का सीधा रिश्ता सांकपा से जुड़ता था। 'जन नाट्य मंच' के लिए नाटक लिखने वाले लेखकों में रमेश उपाध्याय प्रमुख थे। मैं भी 'जन नाट्य मंच' के लिए नाटक

लिखा करता था। इसी दौर में कविता नागपाल के निर्देशन में सर्वेश्वर दयाल सक्सेना का चर्चित नाटक *बकरी* किया गया था।

'जन नाट्य मंच' के नाटक माक्र्सवादी विचारधारा के अन्तर्गत सामाजिक-राजनीतिक मुद्दों को सामने लाते थे। धीरे-धीरे 'जनम' के नाटकों ने 'इप्टा' की 'स्पेस' को चरना शुरू कर दिया था। उनकी लोकप्रियता लगातार बढ़ रही थी और दूसरे शहरों में 'जनम' की मण्डली बुलाकर नाटक मंचित कराये जा रहे थे। यह 'जनम' का प्रारम्भिक दौर था जिसमें लेखकों की सक्रिय भूमिका थी। पता नहीं किन कारणों से, पर लगता है राजनीतिक दबाव और 'जनम' के आन्तरिक संघर्ष के अन्तर्गत कविता नागपाल 'जनम' से अलग हो गयीं और संगठन की पूरी बागडोर सफ़दर हाशमी के हाथ में आ गयी। सम्भवतः कविता नागपाल माक्र्सवादी कम्युनिस्ट पार्टी की सदस्य नहीं थीं। जब कि सफ़दर हाशमी पार्टी मेम्बर थे।

सफ़दर हाशमी के नेतृत्व में 'जनम' ने शायद सामूहिकता की भावना के अन्तर्गत एक फ़ैसला यह किया कि 'जनम' के लिए नाटक लिखने का काम 'जनम' के कलाकार ही करेंगे। इस तरह 'जनम' में लेखकों की भागीदारी लगभग समाप्त हो गयी। लेकिन 'जनम' से प्रेरित जो नुक्कड़ नाटक मण्डलियाँ दूसरे शहरों में बन चुकी थीं, वे लेखकों के लिखे नुक्कड़ नाटकों पर आधारित प्रदर्शन करती रहीं। शम्सुल इस्लाम ने 'निशांत' नामक नुक्कड़ नाटक संस्था बनायी जो पूरे देश में घूम-घूमकर नाटक किया करती थी और उसके नाटकों को अपूर्व प्रशंसा मिलती थी। 'निशांत' ने मेरे नाटक 'सबसे सस्ता गोश्त' के हजारों प्रदर्शन किए और यह नाटक हिन्दी में ही नहीं बल्कि अन्य भारतीय भाषाओं में भी मंचित किया गया। लेकिन 'जन नाट्य मंच' से लेखकों का रिश्ता बिलकुल समाप्त हो गया था। यही नहीं बल्कि 'जनम' के नाटक सीधे-सीधे ट्रेड यूनियन समस्याओं को सम्बोधित करने लगे थे और उनमें राजनीतिक प्रचार का स्वर बहुत प्रमुख हो गया था। यह कहा जा सकता है कि 'जनम' के नाटक पूरी तरह सतही राजनीतिक प्रचार की श्रेणी में आ गये थे और उनके मुद्दे सामाजिक न होकर राजनीतिक बन चुके थे। 'जनम' का सम्भवतः यही उद्देश्य था और वह अपने उद्देश्य में पूरी तरह सफल था। 'जनम' माकपा के राजनीतिक एजेंडे से इतना ज़्यादा जुड़ता चला

गया कि वह केवल मज़दूर संगठन और उसके संघर्ष तक सीमित हो गया। इस दौरान एक अत्यन्त दुःखद घटना यह घटी कि एक औद्योगिक क्षेत्र में 'जनम' के प्रदर्शन पर विरोधी ट्रेड यूनियन के लोगों ने हमला किया जिसमें सफ़दर हाशमी की निर्मम हत्या कर दी गयी। यह एक भयानक और आपराधिक मामला था। जिसने देश को हिलाकर रख दिया था।

नुक्कड़ नाटक निश्चित रूप से राजनीति से प्रेरित होते हैं और उनमें विचारधारा के प्रति एक विशेष झुकाव होता है। उनमें ऐसे मुद्दे उठाये जाते हैं जो जन-संगठनों की समस्याओं और जन-आकांक्षाओं को सामने लाते हैं। लेकिन ध्यान देने योग्य बात यह है कि नुक्कड़ नाटक ही नहीं किसी भी कला-रूप से यह अपेक्षा करना कि वह राजनीतिक और संगठनात्मक कार्यों का स्थान ले सके, उचित नहीं है। नुक्कड़ नाटक की भूमिका यह तो हो सकती है कि वह लोगों को समस्या विशेष के प्रति संवेदनशील बनाये लेकिन यह नहीं हो सकती है कि नुक्कड़ नाटक वह काम कर दे जो मज़दूर या किसान संगठन करते हैं। प्रायः राजनीति के दबाव में जो कलाकर्मियों के संगठन बनते हैं वे इस द्वन्द्व में फँसे रहते हैं।

राजनीतिक और कलात्मक अभिव्यक्ति के उद्देश्य एक नहीं होते। राजनीति तात्कालिक उपलब्धि और सत्ता प्राप्ति पर बल देती है तो कला मनुष्य और समाज में स्थायी परिवर्तन की प्रक्रिया को गति देने पर विश्वास करती है। यह सम्भव नहीं है कि मज़दूर या किसान संगठन बन जायें लेकिन मज़दूरों और किसानों के पुराने जड़ और प्रतिगामी संस्कार न बदलें। लोगों के संस्कार बदलने और उन्हें अधिक जागरूक बनाने का जो काम नुक्कड़ नाटक को करना चाहिए था वह नहीं हो पाया और यही कारण है कि पूरे आन्दोलन को जिस गति के साथ बढ़ना चाहिए था, वह नहीं हो सका।

हिन्दी नाटक की त्रासदी यह है कि वह आज दो तरह की अतियों के बीच फँस गया है। एक तरफ़ प्रतिबद्ध नाट्य मण्डलियाँ यदि तात्कालिक राजनीतिक उद्देश्यों को पूरा करने के लिए नाटक करती हैं तो दूसरी तरफ़ हिन्दी का तथाकथित स्थापित रंगमंच विचारधारा विरोधी है, समस्या विरोधी है, जनता से उसका कोई सम्बन्ध नहीं है, वह प्रयोगधर्मिता और कलात्मकता के दुश्चक्र में इतना फँस गया है कि लोगों से बिलकुल दूर हो गया है।

नुक्कड़ नाटक आन्दोलन के साथ एक त्रासदी यह भी रही कि चूँकि यह वामपंथी राजनीतिक दलों के साथ बहुत घनिष्ठता से जुड़ा हुआ था और उन दलों के आपसी सम्बन्ध काफ़ी शत्रुतापूर्ण थे इसलिए नुक्कड़ नाटक की विभिन्न मण्डलियों के बीच कभी एकजुटता पैदा नहीं हो पायी, और नुक्कड़ नाटक आन्दोलन आगे नहीं बढ़ सका। अखिल भारतीय नहीं बल्कि अखिल हिन्दी स्तर पर भी नुक्कड़ नाटक मण्डलियाँ एक-दूसरे से अलग-थलग काम करती रहीं और उन्होंने नुक्कड़ रंगकर्म की कमियों, प्रशिक्षण की आवश्यकताओं, संगठन की भूमिका पर ध्यान नहीं दिया। यदि ऐसा न होता तो नुक्कड़ नाटक आन्दोलन को एक व्यापक आधार मिलता और उसमें गुणात्मक परिवर्तन भी आते।

नुक्कड़ नाटक की एक प्रमुख समस्या यह थी कि वह अपनी परम्परा, अपनी जड़ों और अपने सौन्दर्यशास्त्र से रिश्ता नहीं जोड़ पाया था। हमारे देश में लोक-मंच के ऐसे कई रूप हैं जो नुक्कड़ नाटक के निकट माने जा सकते हैं। उदाहरण के लिए तमाशा आदि। हिन्दी में नुक्कड़ नाटक करने वालों ने पश्चिम के नुक्कड़ नाटक कर्मियों से अधिक प्रेरणा लेते हुए नुक्कड़ नाटक को पश्चिमी साँचे में ढालने का प्रयास किया। उस प्रयोगधर्मिता को नुक्कड़ नाटक में ले आये जो पश्चिम में अर्जित की गयी थी और हमारी संवेदना से बहुत दूर थी। उदाहरण के लिए सभी अभिनेताओं को एक-सी वेशभूषा देना, अभिनेताओं को अनावश्यक गति देना, संगीत और गायन का अभाव आदि ऐसे तत्त्व थे जिन्होंने हिन्दी नुक्कड़ नाटक को सामान्य दर्शकों से काट दिया। ऐसा क्यों किया गया? यह विचार करने की बात है।

छोटे-छोटे शहरों और कस्बों की नुक्कड़ नाटक मण्डलियाँ बनायी गयीं लेकिन प्रशिक्षण और तकनीकी सहयोग के अभाव में उनका पूरा विकास नहीं हो पाया। उन्होंने जो प्रदर्शन किये वे प्रायः दिल्ली में किये गये प्रदर्शनों की नकल मात्र थे। इस प्रकार नुक्कड़ नाटक की मण्डलियों का कोई स्वस्थ स्वरूप विकसित नहीं हो पाया। नुक्कड़ नाटक आन्दोलन बनने से पहले ही बिखरने की स्थिति में आ गया। आज नुक्कड़ नाटक की मण्डलियाँ प्रायः निष्क्रिय हैं। नुक्कड़ नाटक का आन्दोलन जिस उद्देश्य को लेकर चला था

वह कहीं रह गया है। आज ऐसी समस्याओं और मुद्दों पर नुक्कड़ नाटक किये जाते हैं, जिन्हें व्यवस्था समर्थन देती है। ये प्रदर्शन प्रायोजित होते हैं और निश्चित रूप से जिसका पैसा लगता है उसकी समझ के अनुकूल सन्देश देते हैं। परिवार नियोजन, बढ़ती हुई आबादी, पर्यावरण आदि मुद्दों पर होने वाले नुक्कड़ नाटक सत्ता के दृष्टिकोण ही प्रस्तुत करते हैं।

नुक्कड़ नाटक के नुक्कड़ीय शास्त्र में जो संगीत और लोक-कलाओं का योगदान हो सकता था उस ओर भी पर्याप्त ध्यान नहीं दिया गया। चूँकि वैचारिकता का दबाव बहुत ज़्यादा था इसलिए 'प्ले कार्ड' प्रस्तुत करने की परम्परा चल पड़ी। आश्चर्य की बात यह है कि नुक्कड़ नाटक यदि पूरी तरह प्रभाव उत्पन्न करने और अपनी बात दर्शकों तक पहुँचाने में सक्षम है तो फिर 'प्ले कार्ड' क्यों दिखाये जाते हैं और 'प्ले कार्ड' पढ़ेगा कौन? वही जो पढ़ा लिखा है।

नुक्कड़ नाटक की विषय-वस्तु की ओर भी पर्याप्त ध्यान नहीं दिया गया। प्रायः राजनीतिक या मज़दूर संगठन से सम्बन्धित विषयों को ही नुक्कड़ नाटक का आधार बनाया गया। हालाँकि कुछ सफल नुक्कड़ नाटक सामाजिक समस्याओं पर भी हुए पर ज़ोर ट्रेड यूनियन और मज़दूरों के संगठन पर ही रहा। शिक्षा, रोज़गार, स्वास्थ्य सेवा, भ्रष्टाचार, जातिवाद, साम्प्रदायिकता, धर्मान्धता, दैनिक जीवन की समस्याएँ आदि नुक्कड़ नाटक आन्दोलन के हाशिए पर ही रहे। यही कारण है कि नुक्कड़ नाटक से आम लोगों का सीधा रिश्ता नहीं जुड़ पाया।

नुक्कड़ नाटक की जिन सीमाओं का मैंने उल्लेख किया है वे मेरे प्रारम्भिक नुक्कड़ नाटकों में देखी जा सकती हैं। हालाँकि सप्रयास नहीं, बल्कि स्वतः ही मैंने सामाजिक विषयों को भी विषय बनाया है। मेरा पहला नुक्कड़ नाटक 'सड़क पर' वर्ग चरित्र पर आधारित समाज की मान्यताओं पर आधारित है। इसके बाद मैंने दूसरी सामाजिक समस्याओं पर भी नुक्कड़ नाटक लिखे। इस दौरान लिखे गये नुक्कड़ नाटकों में दर्शकों की सबसे ज़्यादा सराहना मिली 'सबसे सस्ता गोश्त' नाटक को जिसके शम्सुल इस्लाम ने हज़ारों शो किये। यह नाटक गुजराती, पंजाबी, मराठी भाषाओं में भी किया गया।

दरअसल नुक्कड़ नाटक का भविष्य उसके बहुआयामी होने में है। कथावस्तु की विविधता और जनता के साथ सीधा सरोकार ही नुक्कड़ नाटक को लोकप्रिय बनाता है। राजनीतिक विषयों, ट्रेड यूनियन की समस्याओं, शोषण और वर्ग संघर्ष को अवश्य ही नुक्कड़ नाटक का विषय बनाया जा सकता है लेकिन यह मानना कि नुक्कड़ नाटक केवल इन्हीं विषयों पर लिखे जा सकते हैं; ठीक नहीं है। नुक्कड़ नाटक के विषयों की विविधता के साथ-साथ उसके मन्थन के सम्बन्ध में भी गम्भीर बातचीत होनी आवश्यक है। यह देखना भी आवश्यक है कि उसमें जनता की भागीदारी कितने स्तरों पर हो सकती है। नये और पुराने नुक्कड़ नाटकों के दूसरे संस्करण का प्रकाशन, आशा है इन सवालों पर चर्चा करने के दरवाज़े खोलेगा।

नई दिल्ली   —असग़र वजाहत
20.08.2015

सड़क पर

<u>पात्र</u>

ब्रजलाल

रघुनाथ

भगत

सिपाही

अहमद

टी. राव

श्रीमती राव

पुलिस इंस्पेक्टर

(मंच पर प्रकाश आता है। मंच-स्थल पर एक आदमी इस तरह गिरा पड़ा है जैसे चलते-चलते गिर पड़ा हो, उसी के आस-पास उसी के कुछ काग़ज़ आदि बिखरे पड़े हैं। पीछे से बाज़ार का शोर सुनाई देता है। बायीं ओर से ब्रजलाल और रघुनाथ का प्रवेश। दोनों फुटपाथ पर पड़े आदमी को देखते हैं।)

रघुनाथ : देखो ब्रजलाल भाई, लगता है बेहोश है।

    (दोनों उसके पास बैठ जाते हैं।)

ब्रजलाल : (बिखरे काग़ज़ देखकर) लगता है पढ़ा-लिखा था।

रघुनाथ : (एक काग़ज़ उठाकर) देखो ब्रजलाल भाई।

ब्रजलाल : (काग़ज़ पढ़ता हुआ) ये तो नौकरी की दरख़्वास्त है भाई।

रघुनाथ : बेचारा...क्या जाने कौन था। कहाँ से आया था।

ब्रजलाल : आया होगा शहर में सपने लिए नौकरी के सपने...देखो जल्दी कोई रिक्शा रोको। अस्पताल तो ले ही...

(अचानक बायीं ओर से ज़ोरदार ठहाका सुनाई पड़ता है। बैसाखियों की खट-खट सुनाई देती है और भगत मंच-स्थल पर आता है वह ठहाके लगाता हुआ प्रवेश करता है।)

भगत : *(ठहाके रोककर पड़े हुए आदमी की ओर बैसाखी से संकेत करके)* मर गया, तुम रुक गये? *(चीख़कर)* नहीं? रुको नहीं। इस सड़क पर कोई नहीं रुकता...आदमी के लिए...मौत की मशीनें... *(धीरे से)* मौत की मशीनें...

रघुनाथ : *(ब्रजलाल से)* पागल लगता है भइया।

भगत : *(ठहाका लगाकर)* पागल...पागल ही कहो। मौत की मशीनों को देखता है।

(सिपाही आता दिखाई देता है।)

भगत : *(सिपाही को देखकर)* आओ महाराज, आओ...पूजा की सामग्री...

सिपाही : *(भगत से)* तुम साले फिर इस सड़क पर दिखाई दिये। चल बे भाग यहाँ से।

(भगत डरकर बाहर निकल जाता है।)

सिपाही : तुम दोनों अपने नाम पते बताओ।

ब्रजलाल : हमारे नाम-पते से क्या होगा, दीवान जी। इस आदमी का नाम पता...

(पड़े हुए आदमी की ओर संकेत करता है।)

सिपाही : *(आँखें निकालकर)* सीधी तरह बताओ। कहाँ से आ रहे हो? कहाँ जा रहे हो? नाम, पता।

ब्रजलाल : समय बर्बाद न करें दीवान जी...हो सकता है ये आदमी...

सिपाही : मेरी बात का जवाब दो...कानूनी कार्यवाही पूरी करने के लिए ज़रूरी है। सरकारी काम है, कोई हँसी खेल नहीं है। हो सकता है तुम दोनों ने इससे उधार लिया हो और...हो सकता है तुम दोनों की पत्नियों से इसके...

रघुनाथ : *(बुरा मानते हुए)* क्या कह रहे हैं दीवान जी...ये तो न्याय नहीं है।

सिपाही : न्याय और अन्याय का फ़ैसला करने के लिए तो अदालतें खुली हुई हैं।

(भगत धीरे-धीरे आता है।)

भगत : फिर सड़कों पर ट्रक क्यों चलते हैं। रोज़ कुत्तों की तरह मरते हैं।

सिपाही : तुम साले यहाँ फिर आ गये? भाग जाओ, नहीं तो दोनों हाथ भी तोड़ दूँगा।

(भगत भाग जाता है।)

सिपाही : क्यों? ये नहीं हो सकता कि इस आदमी के पास दस हज़ार रुपये हों...और...

ब्रजलाल : सड़क पर मरने वाले के पास दस हज़ार रुपये की कल्पना आप ही कर सकते हैं।

सिपाही : बहुत बक-बक मत करो जी...थाने में तुम खुद ही कहोगे कि इस आदमी के पास दस हज़ार रुपये थे और तुम दोनों ने इसका गला घोंट दिया...

ब्रजलाल : थाने में जो होगा सो होगा। हो सकता है ये सिर्फ़ बेहोश हो...

सिपाही : ये तो डॉक्टर ही बता सकता है।

रघुनाथ : इसकी नाड़ी देख लें...

सिपाही : तुम डॉक्टर नहीं हो। तुमने अगर इसकी नाड़ी देखकर बता भी दिया कि यह ज़िन्दा है तो तुम्हारे बयान की कोई कानूनी हैसियत न होगी।

रघुनाथ : *(चीखकर)* देखो हिल रहा है।

सिपाही : *(उदासीनता से)* तुम्हारे कहने से कुछ नहीं होता। डॉक्टरी रिपोर्ट।

रघुनाथ : आपने उसे हिलते नहीं देखा?

सिपाही : देखा है। पर रिपोर्ट...

(भगत घुस आता है।)

भगत : *(चीखकर)* मौत और ज़िन्दगी फ़ाइलों में बन्द है। मशीनें चल रही हैं...आदमी पड़ा है।

सिपाही : फिर तुम यहाँ आ गये, उल्लू के पट्ठे।

(प्रेस रिपोर्टर अहमद का प्रवेश। भगत निकल जाता है।)

अहमद : यहाँ कोई आदमी मर गया है। मैं एक इंग्लिश डेली का रिपोर्टर हूँ।

ब्रजलाल : मरा तो नहीं है। मरने वाला है।

अहमद : *(अफ़सोस से)* उफ्फ! इतनी दूर आना बेकार गया। क्या रिपोर्ट बनेगी?

ब्रजलाल : अगर ये यहाँ इसी तरह पड़ा रहा तो ज़रूर मर जायेगा।

अहमद : *(चौंककर)* कितना टाइम लगेगा...*(शरमाकर)* ओ.आई.एम. सॉरी... मतलब...

ब्रजलाल : और अगर ये आदमी मर गया तो इसकी जिम्मेदारी *(सिपाही की ओर संकेत करके)* इन पर होगी।

अहमद : *(खुश होकर)* वाह! वाह!...ये कुछ हुआ...फुटपाथ पर मरने वाले की जिम्मेदारी पुलिस के सिपाही पर। गुड, इसी तरह की दो-चार खबरें एक इन्क्रीमेंट तो दिलवा ही सकती हैं...

(मंच के दाहिनी ओर से श्री और श्रीमती राव का प्रवेश, श्रीमती राव मंच पर पड़े आदमी को देखकर नाक पर रूमाल रख लेती हैं।)

श्रीमती राव : कार न खराब हुई होती तो...

टी. राव : ये हॉरिबल सीन न देखने को मिलता। लेकिन डार्लिंग ऐसे सीन देखने से दिल मज़बूत होता है...और दिल की मज़बूती तरक्की की पहली सीढ़ी है।

श्रीमती राव : पीछे हट जाओ डार्लिंग, हो सकता है ये आदमी किसी छूत की बीमारी से मरा हो...

टी. राव : मरा तो छूत की बीमारी से ही है। भूख से...पर वो छूत की बीमारी हमें कभी नहीं लग सकती...

ब्रजलाल : मरने के लिए तो बहाना चाहिए श्रीमान जी...

टी. राव : *(बिगड़कर)* क्या मतलब है तुम्हारा?

ब्रजलाल : मतलब, कुछ लोग भूख से मरते हैं, कुछ गोली से.

टी. राव : तुम इस चलती हुई सड़क पर...इस सिपाही...और इन... *(अहमद की ओर देखता है।)*

अहमद : प्रेस रिपोर्टर।

टी. राव : इन प्रेस रिपोर्टर के सामने मुझे गोली मार देने...की धमकी दे रहे हो...कानून और व्यवस्था...

ब्रजलाल : *(सड़क पर पड़े आदमी की ओर संकेत करके)* कानून और व्यवस्था की हालत आप देख ही रहे हैं...

(श्रीमती राव नाक पर रूमाल रखकर सड़क पर पड़े आदमी के निकट आती हैं और उसका चेहरा देखती हैं।)

श्रीमती राव : डियर,...इस आदमी को तो मैंने कल कहीं देखा था।

टी. राव : *(आश्चर्य से)* कल? कहाँ?

श्रीमती राव : शायद...शायद...उद्योग मन्त्रालय में।

सिपाही : *(घबराकर)* उद्योग मन्त्रालय में...तब तो गई मेरी नौकरी...

(सिपाही अपनी टोपी उतारकर मंच पर पड़े आदमी को पंखा झलने लगता है।)

टी. राव : लेकिन उद्योग मन्त्रालय में चपरासी से लेकर मन्त्री तक को मैं जानता हूँ...नहीं-नहीं, तुम भूल रही हो...

श्रीमती राव : हाँ, हो सकता है...

(सिपाही पंखा झलना बन्द कर देता है और टोपी पहन लेता है।)

टी. राव : सूरत से तो कोई बड़ा अधिकारी नहीं लगता।

अहमद : सूरत से बड़े और छोटे अधिकारी की पहचान कैसे हो सकती है?

टी. राव : हाँ डार्लिंग, ज़रा ध्यान से देखो...उद्योग मन्त्रालय में कितने काम पड़ते रहते हैं हमारे...

(श्रीमती राव फिर देखती हैं।)

श्रीमती राव : ये तो नये ज्वाइंट सेक्रेटरी लगते हैं...

टी. राव : *(चीखकर)* नहीं...

श्रीमती राव : हाँ, तुम अब तक नये ज्वाइंट सेक्रेटरी से नहीं मिले हो। मुझे तो वही लगते हैं।

(सिपाही पंखा झलने लगता है।)

टी. राव : मिस्टर बेरी...तुम्हारा मतलब है...मिस्टर बेरी...

श्रीमती राव : हाँ, मिस्टर बेरी...

टी. राव : *(दुखी होकर हाथ मलते हुए)* कितने अफ़सोस की बात है, इतना बड़ा आदमी मिला भी तो इस हालत में...अगर ये ज़िन्दा होते तो मैं इनकी ऐसी सेवा करता कि जीवन भर मेरे काम आते। मैं ये नहीं कहता कि मिस्टर बेरी को मरना नहीं चाहिए था। ज़रूर मरना चाहिए था, लेकिन किसी 'एयर क्रैश' में या मोटर एक्सीडेन्ट में या किसी आरामदेह नर्सिंग होम के एयरकंडीशंड कमरे में...हार्ट फेल से...यूँ उनका मर जाना मुझसे देखा नहीं जाता।

रघुनाथ : ये आदमी अभी हिला था साहब!

टी. राव : *(उत्तेजित होकर)* हिले थे...हाँ, हाँ, क्यों नहीं...ज़रूर हिले होंगे... ओ सिपाही...जल्दी फ़ोन कर...जा...नहीं तो तेरी नौकरी गयी... मिस्टर बेरी, ज्वाइंट सेक्रेटरी।

(सिपाही घबराकर उठता है।)

अहमद : *(आदमी के पास जाकर)* नहीं-नहीं, ये मिस्टर बेरी नहीं हैं। कल तो मैंने उनके साथ लंच लिया है।

(सिपाही रुक जाता है। श्रीमती राव नाक पर रूमाल रख लेती हैं।)

टी. राव : *(आश्चर्य से)* अच्छा! आप...

अहमद : प्रेस रिपोर्टर, अहमद।

श्रीमती राव : मेरी कितनी इच्छा थी किसी प्रेस रिपोर्टर से शादी करने की।

टी. राव : अरे, तो इन्हें घर बुलाओ...मिस्टर अहमद, मैं एक छोटा-सा इण्डस्ट्रीयलिस्ट। राव इंडस्ट्रीज़...

अहमद : तो छोटे क्यों?

टी. राव : *(हँसता है)* पचास करोड़ का टर्न ओवर...

रघुनाथ : साहब, ये अभी हिला था...

टी. राव : हिला होगा। पेड़-पौधे तक हिलते हैं...हाँ, तो मिस्टर अहमद...

(भगत का प्रवेश)

भगत : *(गूँजने वाली भारी आवाज़ में)* जब तक मौत की मशीनें सड़कों पर...

(श्रीमती राव डरकर अहमद से सट जाती हैं।)

भगत : मरता कोई नहीं...मारे जाते हैं...ट्रक आते हैं। गोली चली... हा-हा-हा...

टी. राव : तुम कौन हो?

भगत : चलो तुमने पूछा तो...अब पूछो क्या खाते हो...खाते भी हो या नहीं...हा-हा-हा... तुम मौत की मशीन चलाते हो। हा-हा-हा...

(भगत टी. राव की तरफ़ बढ़ता है।)

टी. राव : *(सिपाही से)* इन पागलों को पागलखाने में...

भगत : आ गये...उसी बात पर...इलाज़ करो...हा-हा-हा।

सिपाही : चल बे भाग। शरीफ आदमियों को...

भगत : *(टी. राव से)* शरीफ...ला, दे शराफत...तू ही गुलेबकावली को उड़ा ले गया काले जिन्नात।

(सिपाही भगत को डंडा मारता है। वह चला जाता है।)

अहमद : लेकिन आपने इस आदमी को उद्योग मन्त्रालय में कैसे देखा था?

श्रीमती राव : *(सोचते हुए)* शायद, शायद इसको मैंने डॉक्टर रंगानाथन के कमरे से निकलते देखा था।

टी. राव : *(चिल्लाकर)* डॉक्टर रंगानाथन के कमरे से?

श्रीमती राव : हो सकता है डॉ. रंगानाथन का चपरासी हो।

टी. राव : *(बिगड़कर)* तुम नहीं जानती डार्लिंग, डॉक्टर रंगानाथन का चपरासी क्या ज़मादार तक मेरे लिए वी.आई.पी. है। डॉक्टर रंगानाथन...

(सिपाही पंखा झलने लगता है।)

रघुनाथ : साहब, थोड़ी देर पहले ये हिला था।

टी. राव : कहाँ हैं तुम्हारे इंस्पेक्टर...काला पानी लद जायेंगे...मामला वी.
आई.पी. के चपरासी का है...

(सिपाही भागता है।)

ब्रजलाल : आप फिर धोखा खा रहे हैं। श्रीमान, यह चपरासी-वपरासी
नहीं है...इसके काग़ज़ों में नौकरी की दरख्वास्त मिली है हमें...

(काग़ज़ दिखाता है।)

टी. राव : नौकरी की दरख्वास्त?

(श्रीमती राव नाक पर रूमाल रख लेती हैं।)

टी. राव : *(ब्रजलाल से)* हाँ, नौकरी की दरख्वास्त है...

श्रीमती राव : हो सकता है उनका रिश्तेदार हो...

टी. राव : तब तो और सीरियस बात है...

(श्रीमती राव नाक पर से रूमाल हटा लेती हैं।)

टी. राव : कितना खुश होंगे डॉक्टर रंगानाथन कि मैंने उनके रिश्तेदार
की जान बचाई...डिनर पर बुलायेंगे...

(सिपाही लौट आता है।)

टी. राव : *(डाँटकर)* क्यों, कहाँ है इंस्पेक्टर?

सिपाही : साहब, ये डॉक्टर रंगानाथन का आदमी नहीं है...अभी थाने
से साहब ने फ़ोन किया था।

टी. राव : *(बिगड़कर)* इडियट।

सिपाही : इंस्पेक्टर साहब आ रहे हैं।

श्रीमती राव : *(अहमद से)* तो कल शाम आप आ रहे हैं न?

अहमद : आप बुलायें और हम न आयें...

श्रीमती राव : ड्रिंक और डिनर....

टी. राव : खाना पकाने का आर्ट आता है हमारी मैडम को।

अहमद : खाना पकाने का आर्ट ही नहीं...कपड़े पहनने का आर्ट भी
आता है...ग्रे और ऑरेंज कम्बीनेशन...

श्रीमती राव : *(मीठी आवाज़ में चीखती है)* वंडरफुल अहमद...आप जर्नलिस्ट
ही नहीं आर्टिस्ट भी हैं...आज दिन-भर मैंने इस कम्बीनेशन

के बारे में सोचा था। कितना मुश्किल है ये सब...किस रंग की साड़ी के साथ कैसा ब्लाउज़, कैसी चप्पल, कैसी आई शैडो, कैसी लिपस्टिक, कौन-सा पर्फ्यूम, किस रंग का पर्स, कैसी घड़ी...

(भगत आता है।)

भगत : मैं बार-बार कहता हूँ। मौत की मशीनें...मौत के ताज़िर...

श्रीमती राव : ये पागल फिर आ गया।

(सिपाही भगत को डंडा खींचकर मारता है। भगत भाग जाता है।)

सिपाही : साला ऐबी लँगड़ा है। मन्त्रियों की तरह भाषण झाड़ता है।

ब्रजलाल : और क्या कर सकता है।

अहमद : तुम ठीक कहते हो...जनता में असन्तोष है...उसे सामने तो आना ही है...

टी. राव : ये आप क्या कह रहे हैं, अहमद साहब?

अहमद : ठीक ही कह रहा हूँ मिस्टर राव...ऑफ़िस की तकलीफ़देह आवाज़ों, शराब के कड़वे घूँटों और लड़कियों के नाजुक जिस्मों तक दुनिया कैद नहीं है...आज नहीं तो कल...लेकिन मैं तो रोज़ अपने-आपको शराब के नशे में चूर करके बिस्तर पर डाल देता हूँ...मुझे नहीं मालूम धारदार चीज़ों पर कैसे चला जा सकता है...

श्रीमती राव : आपकी तबियत कुछ बिगड़ रही है, अहमद।

अहमद : नहीं मिसिज राव...कभी-कभी सचमुच में सच्चाई को देखने की कोशिश करता हूँ...लेकिन मेरा अन्त सुख- सुविधाओं की दुनिया में होता है...जहाँ जाता हूँ अपने को उसकी रस्सी से जकड़ा हुआ पाता हूँ...

(कुछ लोग एक बड़ी मेज़-कुर्सियाँ, फ़ाइलें आदि लाते हैं और सब कायदे से लगा देते हैं।)

(इंस्पेक्टर आकर कुर्सी पर बैठ जाता है।)

इंस्पेक्टर : दयाराम।

सिपाही : जी हुज़ूर, मामला...

इंस्पेक्टर : साहब लोगों को बैठाओ...

(श्रीमती राव, टी. राव और अहमद बैठ जाते हैं।)

इंस्पेक्टर : अब बताओ, क्या मामला है?

सिपाही : सरकार...

इंस्पेक्टर : एक गिलास पानी लाओ...

(सिपाही मेज़ पर रखा पानी का गिलास आगे बढ़ा देता है। इंस्पेक्टर पानी पीकर)

इंस्पेक्टर : अब बताओ, क्या मामला है?

सिपाही : हुज़ूर, एक आदमी...

इंस्पेक्टर : माचिस लाओ...

(सिपाही जेब से माचिस निकालकर इंस्पेक्टर की सिगरेट को जलाता है। इंस्पेक्टर धुआँ उड़ाकर)

इंस्पेक्टर : हाँ, अब बताओ क्या मामला है?

सिपाही : सर, एक आदमी...

इंस्पेक्टर : देखो, कोठी में आज दावत है...मुर्गा जाना है।

सिपाही : यस सर..

इंस्पेक्टर : अब बताओ, क्या मामला है?

सिपाही : एक आदमी फुटपाथ पर मर गया सरकार...

इंस्पेक्टर : तुम मामले को बिलकुल सूखा बनाये दे रहे हो दयाराम...

सिपाही : सरकार कत्ल हो गया...

इंस्पेक्टर : कातिल कहाँ है?

सिपाही : सामने खड़े हैं।

इंस्पेक्टर : गवाह?

सिपाही : सामने बैठे हैं।

इंस्पेक्टर : ये बात हुई....दफ़ा?

सिपाही : 302 सरकार...

ब्रजलाल : ये सब सरासर झूठ है...ये आदमी...

इंस्पेक्टर : तुम कौन हो जी? बोलो क्यों?

सिपाही : मुज़रिम है सरकार...

इंस्पेक्टर : हथकड़ी लगा दो...

अहमद : ये क्या तमाशा हो रहा है...

इंस्पेक्टर : आप कौन हैं?

अहमद : प्रेस रिपोर्टर...ये आदमी शायद सिर्फ़ बेहोश है...जल्दी मैडीकल एड मिल जाए तो...

इंस्पेक्टर : मैंने रिपोर्ट में इसे मरा हुआ लिख दिया है।
(भगत आता है)

भगत : बड़ा उपकार किया...ये तो पैंतीस साल से मरा पड़ा है।

इंस्पेक्टर : ये कौन है?

सिपाही : एक पागल है...

इंस्पेक्टर : तब ठीक है...आगे बढ़ो...लाश पर सफ़ेद चादर डाल दो दयाराम...

ब्रजलाल : नहीं, नहीं...वो मरा नहीं है।

इंस्पेक्टर : वह मर चुका है। उसे मरा घोषित कर दिया गया है। तुम चादर डालो दयाराम।
(दयाराम चादर डालने जाता है।)

अहमद : ये तुम अन्याय कर रहे हो...मैं तुम्हें देख लूँगा।

इंस्पेक्टर : *(हँसकर)* कहाँ? अखबार में...एक तबादला...एक जाँच समिति... एक बयान...इनका मैं आदी हो चुका हूँ...

सिपाही : *(दयाराम चादर डाल देता है। नीचे पड़ा आदमी कसमसाता है।)*

ब्रजलाल : देखो...देखो, वो उठ रहा है...
(ब्रजलाल बढ़कर चादर हटा देता है।)

इंस्पेक्टर : दयाराम, चादर डालो।
(दयाराम चादर डालने फिर बढ़ता है। ब्रजलाल और रघुनाथ उससे भिड़ जाते हैं। नीचे पड़ा आदमी धीरे-धीरे उठने लगता है। बाज़ार की आवाज़ें तेज़ हो जाती हैं। श्रीमती राव डरकर चीखती हैं।)

भगत : *(चीखकर)* उठ जाओ, मेरे दोस्त...मशीनें ही मशीनें हैं...लगाओ ज़ोर...हा-हा-हा।

इंस्पेक्टर : *(डरकर)* ये क्या हो रहा है दयाराम?

भगत : हा-हा-हा।

(टी.राव और श्रीमती राव इंस्पेक्टर के पीछे छिप जाते हैं। अहमद उठते आदमी की तस्वीर लेता है। फ्लैश कई बार चमकती है।)

ब्रजलाल : क्यों डर रहे हो इस कमज़ोर और निहत्थे आदमी से...क्यों? इसलिए कि यह सच्चाई है...सच्चाई...

भगत : हा-हा-हा-हा...मैं कहता हूँ...जब तक मशीनें...मौत...आदमी हा-हा-हा...उठेगा...उठेगा।

(इंस्पेक्टर, टी.राव, श्रीमती राव, सिपाही डर और भय की मुद्रा में फ्रीज़ हो जाते हैं। भगत लगातार भयानक ठहाके लगाता है। तेज़ संगीत बजता है। आदमी खड़ा हो जाता है।)

मोतियाबिन्द

<u>पात्र</u>

डॉ. रवीन्द्र कुमार
श्रीमती विमला
परमेन्दर कुमार उर्फ पम्मी
जगदीश

(एक लड़का हाथ में किताब कॉपियाँ लिए मंच-स्थल पर आता है। वह कॉलेज से आ रहा है। आते ही किताब-कॉपियाँ कुर्सी पर बैठे अपने पिता डॉ. रवीन्द्र कुमार के सामने पटक देता है।)

पम्मी : डैडी, आप बेकार मुझे रोज़-रोज़ कॉलेज भेजते हैं।

डॉ. रवीन्द्र कुमार : क्यों बेटा, पढ़-लिखकर बड़े आदमी नहीं बनोगे?

पम्मी : डॉ. रवीन्द्र कुमार जी, आपको कुछ पता भी है...अब वो ज़माना चला गया, जब पढ़-लिखकर लोग बड़े आदमी बना करते थे।

डॉ. रवीन्द्र कुमार : फिर? आजकल कैसे लोग बड़े आदमी बनते हैं?

पम्मी : अपने आप बनते हैं।

डॉ. रवीन्द्र कुमार : वो कैसे बेटा?

पम्मी : अपनी सरकार ने एक अध्यादेश जारी कर दिया है।

डॉ. रवीन्द्र कुमार : वो क्या है बेटा?

पम्मी : अच्छा बताइये डैडी, उद्योगपति का लड़का उद्योगपति

नहीं बनता ?

डॉ. रवीन्द्र कुमार : बनता है।

पम्मी : व्यापारी का लड़का व्यापारी बनता है, फिल्मी सितारे का लड़का फिल्मी सितारा बनता है...रिक्शेवाले का लड़का रिक्शेवाला बनता है, मुंशी का लड़का मुंशी बनता है...

डॉ. रवीन्द्र कुमार : हाँ बेटा, ठीक कह रहे हो...

पम्मी : अब इसी को कानूनी रूप दे दिया है..व्यापारी का बेटा व्यापारी, सितारे का बेटा सितारा, मन्त्री का बेटा मन्त्री, नेता का बेटा नेता, कमिश्नर का बेटा कमिश्नर, वकील का बेटा वकील, जज का बेटा जज *(हँसकर)* और डैडी आप आँख के डॉक्टर हैं न..

डॉ. रवीन्द्र कुमार : *(कुछ सोचकर)* लेकिन बेटा पढ़ाई?

पम्मी : *(डाँटकर)* अध्यादेश।

डॉ. रवीन्द्र कुमार : लेकिन बेटा, बिना पढ़े तुम आँख के डॉक्टर कैसे बन सकते हो?

पम्मी : *(जोर से डाँटकर)* अध्यादेश।

डॉ. रवीन्द्र कुमार : लेकिन बेटा, डिग्री, डिप्लोमा...

पम्मी : डैडी, मन्त्री के बेटे को मन्त्री बनने के लिए डिग्री की ज़रूरत पड़ती है?

डॉ. रवीन्द्र कुमार : नहीं बेटा।

पम्मी : सेठ के बेटे को सेठ बनने के लिए डिग्री चाहिए?

डॉ. रवीन्द्र कुमार : नहीं बेटा।

पम्मी : मज़दूर के बेटे को मज़दूर बनने के लिए बी.ए. पास करना ज़रूरी है?

डॉ. रवीन्द्र कुमार : नहीं बेटे...

पम्मी : *(हँसकर)* तो फिर आँख के डॉक्टर के बेटे को आँख का डॉक्टर बनने के लिए डिग्री की क्या ज़रूरत?

डॉ. रवीन्द्र कुमार : नहीं-नहीं बेटा, डॉक्टर के हाथ में आदमी का जीवन होता

है...हमें उसकी ज़िन्दगी से खिलवाड़ करने का कोई अधिकार नहीं है...इसलिए बिना पढ़े-लिखे तुम आँख के डॉक्टर नहीं बन सकते।

पम्मी : डैडी...यह बताओ...नेताओं के हाथ में देश का जीवन होता है कि नहीं...

डॉ. रवीन्द्र कुमार : हाँ बेटा, होता है...

पम्मी : हमारी कंट्री में...नेता बनने के लिए...मुख्यमन्त्री बनने के लिए...प्रधानमन्त्री बनने के लिए क्या किसी डिग्री की ज़रूरत होती है...बल्कि मैं सीधे-सीधे पूछना चाहूँ...तो बताओ, हमारे कितने नेता अनपढ़ हैं?

डॉ. रवीन्द्र कुमार : वह सब...मैं नहीं जानता, लेकिन ये जानता हूँ कि डॉक्टर के लिए पढ़ना ज़रूरी होता है।

पम्मी : *(लापरवाही से)* डैडी, कल से मेरा कॉलेज जाना बन्द...मैं आँख का ऑपरेशन करूँगा।

डॉ. रवीन्द्र कुमार : *(डरकर)* आँख का ऑपरेशन करोगे? अरे, तुम तो अभी हायर सैकेंडरी भी पास नहीं हो...

पम्मी : *(बिगड़कर)* डैडी, मुख्यमन्त्री का आठवाँ फेल लड़का शिक्षा मन्त्री बना हुआ है और शिक्षा मन्त्रालय चला रहा है, पूरे मन्त्रालय पर शासन कर रहा है। सब उसका आदेश मानते हैं...तो मैं आँख का ऑपरेशन क्यों नहीं कर सकता?

डॉ. रवीन्द्र कुमार : पर बेटा, बिना डिग्री के, बिना अनुभव के तुमसे ऑपरेशन कौन करायेगा?

पम्मी : वही लोग, जो मन्त्रियों के बेटों को मन्त्री मान लेते हैं—सेठ के बेटों को सेठ मान लेते हैं। यानी पूरा देश डैडी...

डॉ. रवीन्द्र कुमार : पूरा देश तुमसे आँख का ऑपरेशन करायेगा?

पम्मी : *(आत्मविश्वास से)* हाँ, पूरा देश।

डॉ. रवीन्द्र कुमार : *(सोचकर)* पर बेटा, तुमने किसी की आँख-वाँख फोड़ दी तो क्या होगा?

पम्मी : *(लापरवाही से)* क्या होगा?

डॉ. रवीन्द्र कुमार : उसके रिश्तेदार आ जायेंगे। तुम्हें मारेंगे-पीटेंगे।

पम्मी : *(हँसकर)* अरे, तो क्या हुआ...हाईकोर्ट के जज का लड़का जो मेरे साथ पढ़ता है..वह सेशन जज हो गया है...मुकदमा तो उसी की अदालत में जायेगा..

डॉ. रवीन्द्र कुमार : और जो केस आगे बढ़ा?

पम्मी : *(उत्तेजित होकर)* चारों तरफ़ से मुझे सपोर्ट ही सपोर्ट मिलेगी... मेरे क्लासफैलो, सब नेताओं के लड़के नेता हो गये हैं... सब मन्त्रियों के लड़के मन्त्री हो गये हैं...जजों, वकीलों, डॉक्टरों के लड़के जज, वकील, डॉक्टर हो गये हैं...डैडी... आप की वजह से मैं ही एक ऐसा इडियट बचा हूँ कि अब तक आँख का डॉक्टर नहीं बन सका...लेकिन अब मैं रुक नहीं सकता। मुझे रोकिये मत। *(अधिक उत्तेजित होकर)* मुझे रोकिये मत...मैं देश की आँख का ऑपरेशन ज़रूर करूँगा... सब देश-सेवा कर रहे हैं...मुझे भी तो देश की सेवा करने का मौका मिले...चाहे देश की आँख ही क्यों न फूट जाये डैडी...पर मैं ऑपरेशन ज़रूर करूँगा...क्योंकि देश ने ही मुझे ये मौका दिया है। मैं देश-द्रोही नहीं हूँ डैडी...मुझे रोकिये मत...मुझे रोकिये मत...

डॉ. रवीन्द्र कुमार : *(गुस्से में)* मैं तुम्हें ऐसा नहीं करने दूँगा...आँख का डॉक्टर बनना कोई हँसी-खेल नहीं है।

पम्मी : देखूँगा, आप मुझे कैसे रोकते हैं?

(पम्मी मंच का एक चक्कर लगाता है। दूसरे कोने पर उसे अपनी माता जी मिल जाती हैं।)

पम्मी : मम्मी...मम्मी, देखा तुमने, डैडी मेरी लाइफ़ के पीछे पड़े हुए हैं...डैडी मुझे तरक्की नहीं करने देते...डैडी मुझे आगे नहीं बढ़ने देते...डैडी मेरे सपने पूरे नहीं होने देते...मैं देश-सेवा करना चाहता हूँ और डैडी मुझे रोक रहे हैं।

श्रीमती विमला : मैं समझी नहीं बेटा, तुम क्या कह रहे हो...तुम क्यों परेशान हो...

पम्मी : मम्मी, मैं आँखों का डॉक्टर हूँ...मेरे डैडी इतने बड़े आई सर्जन हैं...इतने बड़े सर्जन हैं कि उन्होंने कई मन्त्रियों की आँखों का ऑपरेशन किया है...मैं क्यों आम आदमी की आँखों का ऑपरेशन नहीं कर सकता? बचपन से मैंने यह सब देखा और सीखा है...मुझे किसी डिग्री की कोई ज़रूरत नहीं है।

श्रीमती विमला : तुम ठीक कहते हो बेटा...बिलकुल ठीक कहते हो...तुम आई सर्जन हो...अपने डैडी के कम्पाउण्डर जगदीश को बुलाओ...

(पम्मी जगदीश का नाम लेकर आवाज़ें लगाता है। जगदीश आ जाता है।)

जगदीश : मैडम राम-राम...

श्रीमती विमला : जगदीश...देख, साहब के क्लिनिक के सामने जो चार दुकानें खाली हैं, वहाँ पम्मी बेटा का एक बोर्ड लगा दे।

जगदीश : बोर्ड कैसा जी?

पम्मी : 'परमेन्दर कुमार, आई सर्जन,' का बोर्ड लगा दो...कल से मैं भी आँख का ऑपरेशन करूँगा...

जगदीश : अरे पम्मी भइया...इतनी देर में यह काम क्यों शुरू कर रहे हैं...हमने तो उसी समय कहा था, जब आप आठवीं में फेल हुए थे।

श्रीमती विमला : छोड़-छोड़, पुरानी बातों को छोड़...कल यह बोर्ड लग जाना चाहिए।

पम्मी : *(खुश होकर)* हाँ-हाँ, कल ही दो-चार मरीज़ पकड़ लाओ, मैं ऑपरेशन कर दूँगा...

जगदीश : अरे, मरीज़ों की कमी कहाँ है पम्मी बाबू...पूरे देश को मोतियाबिन्द हो गया है...जितने मरीज़ चाहें मिल जायेंगे।

पम्मी : *(लापरवाही से)* ले आना सौ-पचास...

(पम्मी गाना गाते हुए मंच के दो-तीन चक्कर लगाता है।)

—गीत—

पढ़ने की ज़रूरत है न लिखने की ज़रूरत
कॉलेज की ज़रूरत है न डिग्री की ज़रूरत।

है बाप जो नेता, तो बेटा भी है नेता
है सेठ अगर बाप, तो बेटा भी हुआ सेठ
खिलाड़ी है अगर बाप, तो बेटा भी है खिलाड़ी
सर्जन है अगर बाप, तो बेटा भी है सर्जन।

पढ़ने की ज़रूरत है न लिखने की ज़रूरत
कॉलेज की ज़रूरत है न डिग्री की ज़रूरत।
(पम्मी रुक जाता है, मंच पर उसकी मम्मी बैठी है।)

पम्मी : मॉम... दो महीना हो गया, अभी तक मेरे पास कोई मरीज़ ही नहीं आया...मैं किसकी आँख का ऑपरेशन करूँ...मेरी लाईफ़ बिगड़ रही है...

श्रीमती विमला : अरे, दो-तीन महीने हो गये...तेरे पास कोई ऑपरेशन केस नहीं आया? तेरे डैडी तो रोज़ चार-पाँच ऑपरेशन कर देते हैं।

पम्मी : अब तुम ही देखो मॉम...मैं पापा से ज़्यादा स्मार्ट हूँ...मैं तो 10 ऑपरेशन कर दूँ एक दिन में, पर मरीज़ आयें तभी तो।

श्रीमती विमला : मरीज़ लाना तो जगदीश का काम है...वह मरीज़ क्यों नहीं ला रहा है...उसे बुलाओ।
(पम्मी जगदीश को दो-तीन आवाज़ें देता है और जगदीश मंच पर आ जाता है।)

जगदीश : हाँ जी, बताओ पम्मी बाबू...

श्रीमती विमला : अरे, ये क्या बतायेगा...तू बता...पम्मी के पास मरीज़

क्यों नहीं ला रहा है? इसके डैडी के पास तो रोज़ दस मरीज़ पहुँचा देता है।

जगदीश : मैडम...मैं तो हर मरीज़ से पहले यही कहता हूँ कि पम्मी बाबू से ऑपरेशन करा लो...अपने डैडी से भी अच्छे डॉक्टर हैं...फीस भी आधी लेते हैं... मरीज़ जल्दी ठीक हो जाता है।

श्रीमती विमला : ये तो तू सब अच्छा बताता है...फिर मरीज़ पम्मी के पास क्यों नहीं आते?

जगदीश : तो पम्मी बाबू...क्लिनिक में गाना गाते रहते हैं...

पम्मी : *(बिगड़कर)* अबे अकेला बैठा-बैठा मैं रोया करूँ? तूने कोई ढंग की नर्स भी नहीं रखवायी...

श्रीमती विमला : देख जगदीश, बहानेबाज़ी नहीं चलेगी...पम्मी के पास ऑपरेशन केस न आये तो समझ ले तेरी नौकरी गयी।

जगदीश : *(गिड़गिड़ाते हुए)* अरे मैडम, यह क्या कह रही हैं...मैं डॉक्टर साहब के साथ तीस साल से काम कर रहा हूँ।

श्रीमती विमला : अरे तू चाहे तीन पीढ़ियों से काम कर रहा हो...अगर पम्मी के पास ऑपरेशन केस नहीं आये तो तेरी छुट्टी...

जगदीश : इतना अन्याय न करो मैडम...

पम्मी : जगदीश, तू यह नेताओं वाली भाषा कैसे बोलने लगा...यह न्याय-अन्याय क्या होता है... मुझे तो ऑपरेशन केस चाहिए, ऑपरेशन केस...अगर मुझे ऑपरेशन केस न मिले तो मैं तेरा ऑपरेशन कर दूँगा।

जगदीश : *(डरकर)* मेरा ऑपरेशन!

पम्मी : तुझे भी तो मोतियाबिन्द हो गया है...तभी तो तुझे मरीज़ नहीं दिखाई देते...

जगदीश : नहीं-नहीं पम्मी बाबू, मेरा ऑपरेशन न करना... मेरे ऑपरेशन से क्या फ़ायदा होगा?

पम्मी : फिर किसके ऑपरेशन से फ़ायदा होगा...

जगदीश : पम्मी बाबू, बुरा न मानो तो मैं साफ़ बात कहूँ।

पम्मी : हाँ-हाँ, कहो...

जगदीश : देखो पम्मी बाबू...पूरा शहर यह जानता है कि तुमने डॉक्टरी नहीं पढ़ी है...तुम अनाड़ी हो...तुमसे कोई ऑपरेशन करायेगा तो तुम उसकी आँख फोड़ दोगे।

श्रीमती विमला : *(गुस्से में)* अच्छा, तो तुमने मेरे बेटे के बारे में यह सब फैलाया हुआ है...

(पम्मी जगदीश को मारने के लिए आगे बढ़ता है।)

जगदीश : अरे, मुझे मार के क्या मिल जायेगा तुम्हें पम्मी बाबू...मैं तुम्हें ऐसी बात बताता हूँ...कि तुम...इंडिया के टॉप के आई सर्जनों में गिने जाने लगोगे...जैसे तुम्हारे डैडी गिने जाते हैं...

पम्मी : अच्छा! बताओ।

श्रीमती विमला : अगर तूने ऐसा करा दिया जगदीश, तो समझ ले तेरी सेलरी डबल हो जायेगी...

जगदीश : मैं तो भगवान की कसम खाके कहता हूँ कि अगर मेरे कहे पर चले तो पम्मी बाबू...इंडिया के टॉप के आई सर्जन हो जाओगे।

श्रीमती विमला : करना क्या पड़ेगा?

जगदीश : एक आदमी को आँख का ऑपरेशन कराने के लिए तैयार कराना पड़ेगा।

श्रीमती विमला : कौन आदमी?

जगदीश : नाम बता दूँ?

पम्मी : जल्दी बता, पहेली क्या बुझा रहा है...

जगदीश : तुम्हारे डैडी...डॉ. रवीन्द्र कुमार, एम.बी.बी.एस., एफ. सी.आर.एस., एस.एस.टी.ओ., पी.पी.एन.ओ...

पम्मी : *(जगदीश की बात काटता हुआ।)* बस-बस...बात तू पते की कर रहा है...

श्रीमती विमला : *(सोचते हुए)* पर उससे क्या होगा?

जगदीश : मैडम, कमाल हो जायेगा...बहुत बड़ा कमाल हो जायेगा...

सबके मुँह बन्द हो जायेंगे।

पम्मी : बात तो कुछ समझ में आ रही है...

जगदीश : इतना बड़ा डॉक्टर...इतना बड़ा डॉक्टर...इतना बड़ा डॉक्टर ...अगर किसी से आँख का ऑपरेशन कराता है तो इसका क्या मतलब हुआ?

श्रीमती विमला : *(खुश होकर)* हाँ-हाँ, मैं समझ गयी, समझ गयी...

पम्मी : ग्रेट आइडिया...

जगदीश : पम्मी बाबू जैसे ही डॉक्टर साहब का ऑपरेशन करेंगे...यह समाचार अखबारों में छप जायेगा... टी.वी. पर न्यूज़ आ जायेगी...पूरी कंट्री को यह पता चल जायेगा कि डॉ. रवीन्द्र कुमार से बड़ा आई सर्जन भी इंडिया में है...और वे हैं पम्मी बाबू...देख लेना मैडम, मरीज़ों की लाइन लग जायेगी।

श्रीमती विमला : तू तो बड़ा समझदार है जगदीश...

जगदीश : बस, अब डॉक्टर साहब को ऑपरेशन के लिए तैयार कराना आप लोगों का काम है।

पम्मी : *(अकड़कर)* देखो जी, पम्मी जो चाहता है वह लेकर रहता है।

श्रीमती विमला : अरे, इकलौते बेटे के लिए डॉक्टर साहब इतना भी नहीं करेंगे...बचपन से इसकी हर इच्छा पूरी करते आये...इसकी हर ज़िद के आगे उन्होंने सिर झुकाया। अपने प्राणों से भी ज़्यादा प्यार करते हैं इसे... *(हँसकर)* जब यह स्कूल में पढ़ता था न...होमवर्क के लिए रोया करता था...डॉक्टर साहब इसका होमवर्क कर देते थे। बड़े लाड़-प्यार से पाला है डॉक्टर साहब ने इसे...जगदीश, और हमारा क्या है...अब जो कुछ है पम्मी का ही है...

पम्मी : *(जगदीश से)* जगदीश बाबू, अखबार वालों को जाकर बता दो...टी.वी. चैनल में न्यूज़ दे दो...कि कल मैं डॉ. रवीन्द्र कुमार की आँख का ऑपरेशन करूँगा।

(मंच से पम्मी और श्रीमती विमला चले जाते हैं और
जगदीश मंच के चक्कर लगाता हुआ संवाद बोलता है)

जगदीश : अख़बार वालों, टी.वी. वालों, रेडियो वालों...सुनो-सुनो!
एक बहुत बड़ा समाचार दे रहा हूँ...कल आँखों के मशहूर
डॉ. रवीन्द्र कुमार की आँख का ऑपरेशन उनके सुपुत्र
डॉ. परमेन्दर कुमार उर्फ़ पम्मी करेंगे...पम्मी आँखों के
इतने माने हुए डॉक्टर हैं कि इंडिया का सबसे बड़ा आँखों
का डॉक्टर उनसे अपना ऑपरेशन करा रहा है...

(मंच पर पम्मी, श्रीमती विमला और दो नर्सें आ जाती
हैं। मंच पर ऑपरेशन थियेटर में मरीज़ को लिटाये जाने
वाला बैड पड़ा है। नर्सें ऑपरेशन का इन्तज़ाम कर रही
हैं।)

जगदीश : पम्मी बाबू, सब तैयारी हो गयी है...अब आप डॉक्टर
साहब को बुलाइये।

पम्मी : (पम्मी अपनी माँ से) मॉम...तुम ही बुलाओ...

श्रीमती विमला : (आवाज़ देते हुए) डॉक्टर साहब...डॉक्टर साहब, इधर
आइए।

(डॉक्टर रवीन्द्र कुमार अन्दर आते हैं और सबकुछ
देखकर पूछते हैं।)

डॉ. रवीन्द्र कुमार : ये सब क्या है?

पम्मी : यहाँ ऑपरेशन होगा...

डॉ. रवीन्द्र कुमार : ऑपरेशन?...यह ऑपरेशन थियेटर तो है नहीं।

पम्मी : मैं यहीं ऑपरेशन करता हूँ...

डॉ. रवीन्द्र कुमार : तुम ऑपरेशन?

पम्मी : हाँ डैडी...अब कोई दूसरा रास्ता नहीं है...नेताओं के बेटे
जो मेरे दोस्त हैं, सब नेता बन गये हैं, इंडस्ट्रियलिस्ट
के बेटे इंडस्ट्रियलिस्ट बन गये...अब मुझे भी आई सर्जन
बनना है।

श्रीमती विमला : आप को तो खुश होना चाहिए डॉक्टर साहब कि हमारी

इकलौती औलाद...अपने पैर जमाने की कोशिश कर रही है...अब यह ऑपरेशन करने के बाद हमारा नाम ऊँचा करेगा।

डॉ. रवीन्द्र कुमार : ऑपरेशन? ये यहाँ किसका ऑपरेशन करेगा..

पम्मी : *(आत्मविश्वास के साथ दृढ़ शब्दों में)* आपका ऑपरेशन करूँगा डैडी...आपका ऑपरेशन!

डॉ. रवीन्द्र कुमार : *(घबराकर)* मेरा...क्या बकवास है...

पम्मी : बकवास नहीं डैडी...यह तो होना ही है...

डॉ. रवीन्द्र कुमार : अरे तुम्हें तो...आई सर्जरी की ए.बी.सी.डी. भी नहीं आती।

श्रीमती विमला : अजी ए.बी.सी.डी.ई.एफ. छोड़ो...ऑपरेशन करा लो।पम्मी की ज़िन्दगी का सवाल है।

डॉ. रवीन्द्र कुमार : बिलकुल नहीं...असम्भव है...

पम्मी : डैडी, आप मेरी ज़िन्दगी बर्बाद करने पर तुले हुए हो।

डॉ. रवीन्द्र कुमार : ये सब क्या बकवास है, मेरी समझ में कुछ नहीं आ रहा है...

श्रीमती विमला : *(बड़े प्यार से बोलती है)* देखो जी डॉक्टर साहब...पम्मी के अलावा हमारा है कौन...इसकी ज़िन्दगी बन जायेगी...तो मैं चैन से मरूँगी...तुमने इसके लिए इतना किया है...इतना किया है...आज आँख का ऑपरेशन भी करा लो।

डॉ. रवीन्द्र कुमार : उससे क्या होगा? मैं अन्धा हो जाऊँगा।

श्रीमती विमला : देखो, तुम्हारे लड़के का नाम हो जायेगा, उसने इतने बड़े आई सर्जन की आँख का ऑपरेशन किया।

डॉ. रवीन्द्र कुमार : चाहे मैं अन्धा ही क्यों न हो जाऊँ।

पम्मी : डैडी...आप 68 साल के हो गये हो...कितना और जी लोगे...मैं 26 साल का हूँ अभी...मेरे सामने पूरी लाइफ़ पड़ी है...अन्धे होकर दो-चार साल नहीं काट सकते।

डॉ. रवीन्द्र कुमार : *(घबराकर)* नहीं-नहीं-नहीं! मैं तुमसे ऑपरेशन नहीं कराऊँगा!

श्रीमती विमला : इतना भी प्यार नहीं करते अपने बेटे से...लोग तो जान दे देते हैं...

डॉ. रवीन्द्र कुमार : ये पागलपन है...मैं यहाँ से जा रहा हूँ...

(पम्मी डॉक्टर रवीन्द्र कुमार के सामने उनका रास्ता रोककर खड़ा हो जाता है।)

पम्मी : अखबारों में खबर छप गई है डैडी...टेलीविज़न पर न्यूज़ आ चुकी है...अब मैं देश की जनता को धोखा नहीं दे सकता...

(डॉ. रवीन्द्र कुमार मंच से बाहर जाने की कोशिश करते हैं, लेकिन उन्हें पम्मी, जगदीश, दोनों नर्सें और श्रीमती विमला पकड़कर ज़बर्दस्ती ऑपरेशन-बैड पर लिटा देती हैं। वे चिल्लाते रहते हैं लेकिन उनके चिल्लाने का किसी पर असर नहीं होता है। पम्मी उनकी आँख का ज़बर्दस्ती ऑपरेशन करता है...वे ज़ोर से चिल्लाते हैं। ऑपरेशन के बाद सभी लोग मंच से चले जाते हैं, केवल डॉ. रवीन्द्र कुमार बैड पर लेटे रहते हैं। वे धीरे-धीरे बैड से उठते हैं और अन्धों की तरह आगे बढ़ते हैं।)

डॉ. रवीन्द्र कुमार : मेरी आँखों की रोशनी चली गयी...मैं अन्धा हो गया हूँ... अब मुझे कुछ दिखाई नहीं देता...अब मुझे कुछ सुझायी नहीं देता...अब मेरे लिए रात और दिन बराबर हैं...अब मेरे लिए काला और सफ़ेद बराबर है...अब मैं किसी को पहचान नहीं सकता...अब मैं कुछ देख नहीं सकता... *(स्वर बदलकर)* नहीं-नहीं...अन्धा तो मैं पहले था...अब मुझे रोशनी मिली है...मैं अन्धा था कि मैंने अपने बेटे को अन्धा प्यार दिया...मैं अन्धा था कि मैंने उसकी हर तरह की इच्छा को पूरा किया...मैं अन्धा था कि मैंने उसकी हर गलती को माफ़ किया...मैं अन्धा था कि मैंने लाड़-प्यार में उसे आदमी से जानवर बना

दिया...आदमी जब जानवर बन जाता है तो क्या करता है...यह सब अभी आपने देखा है...बस! अब आप से एक ही प्रार्थना है...पम्मी को देखिए...और अपने बेटे को देखिए...मेरी तरह अन्धे होकर रोशनी पाई भी तो क्या पाई?

फ़र्क कहाँ है

<u>पात्र</u>

सूत्रधार

लड़की

रामलाल

एक आदमी

दूसरा आदमी

भीड़

(सूत्रधार मंच-स्थल में एक स्टूल पर खड़ा है, उसके हाथ में चार टेस्ट ट्यूब हैं जिनमें लाल तरल पदार्थ भरा हुआ है।)

सूत्रधार : देखने वाले मेहरबानों, ज़रा ध्यान दीजिए...ये आपके सामने चार टेस्ट ट्यूब हैं। नंबर एक, दो, तीन और चार...और इन चारों में खून है, मेहरबानों...खून...आदमी का खून...एक में हिन्दू का खून, दूसरे में मुसलमान का खून, तीसरे में सिक्ख का खून...आप लोगों में है कोई माई का लाल जो बता दे कि किस टेस्ट ट्यूब में किसका खून है...आइए...आइए...मेहरबानों...पास आ जाइए...देखिए...ये हैं मेरे पास चार टेस्ट ट्यूब...जब आपमें से कोई न बता सकेगा मेहरबानों... तो मैं ही बताऊँगा, *(लोग पास आ जाते हैं। सूत्रधार विभिन्न लोगों को दिखाता है।)*

सूत्रधार : ये लो पंडित जी, पहचान लो, हिन्दू का खून…बताओ *(ठहरकर)* आओ मियाँ जी, आओ…बताओ, इसमें कौन-सा मुसलमान का खून…पहचानो…अरे भाई खालसा जी, आओ…देखो तो कौन-सा है सिक्ख का खून… *(कोई पहचान नहीं पाता।)*

 हा-हा-हा कैसे हिन्दू, मुसलमान, सिक्ख, ईसाई हो तुम लोग…अपना-अपना खून नहीं पहचान सकते..? भई कमाल हो गया…पर मुझे मालूम है…लेकिन इतनी जल्दी बता दूँ तो मज़ा क्या आये…और मैं तो सौ-सौ के करारे दस नोट दूँगा…बताने वाले को…चलो भाई है कोई?

(भीड़ और पास सिमट आती है।)

सूत्रधार : *(डाँटकर)* बताओ, इसमें कौन-सा हिन्दू का खून है, कौन-सा मुसलमान का, कौन-सा सिक्ख का और कौन-सा ईसाई का…

(सूत्रधार स्टूल से नीचे उतर आता है और सबको टेस्ट ट्यूबें दिखाता है।)

सूत्रधार : *(चीखकर)* एक हज़ार रुपये का नकद इनाम।

(जेब से नोट निकालता है) ये देखो, करारे नोट…पहचानो और नोट ले जाओ…मौका मत चूको…भाई…ओ भाई रिक्शेवाले…ज़रा रिक्शा रोको, साहब को तमाशा देखने दो…अरे दीदी जी, राशन की दुकान तो खुली ही रहेगी…ज़रा इधर आकर एक पहेली बूझिये।

(लड़की पास आ जाती है)

सूत्रधार : बताइए, इनमें कौन-सा खून हिन्दू का, कौन-सा मुसलमान का, कौन-सा सिक्ख का और कौन-सा ईसाई का…

लड़की : कैसी बचपने वाली बातें कर रहे हो सूत्रधार…सब खून एक हैं…

सूत्रधार : अरे देवी जी, आप भी क्या उड़ा रही हैं…बोलो भाइयो, क्या हिन्दू, मुसलमान, सिक्ख, ईसाइयों में फ़र्क नहीं है?

भीड़ से आवाज़ें : हाँ, है फ़र्क...ज़रूर है फ़र्क...

सूत्रधार : तो वह फ़र्क कहाँ है भाई...ज़रूर खून में होगा... इसलिए मैं पूछ रहा हूँ...पहचानो...बताओ...

लड़की : मेरी समझ में नहीं आता तुम क्या बक रहे हो...

सूत्रधार : *(भीड़ से)* भाइयो, एक हिन्दू सज्जन निकलकर मेरे पास आ जायें—हाँ-हाँ लालाजी, आ जाओ...डरने की कोई बात नहीं है...और दोस्तो...सिक्ख भाई...आप आ जायें...

(दोनों निकल आते हैं)

सूत्रधार : आप लोग इधर खड़े हो जायें...

(वे खड़े हो जाते हैं)

सूत्रधार : मेहरबानो...ये हिन्दू भाई हैं, ये सिक्ख...इनमें क्या फ़र्क है...

एक आदमी : सरदार जी की दाढ़ी है...पगड़ी है...

(सूत्रधार ठहाका मारकर हँसता है। बड़ी मुश्किल से हँसी रोकता है।)

सूत्रधार : वाह भाई, वाह...खूब रही...अरे दोस्त, अगर लाला जी दाढ़ी रख लें, पगड़ी बाँध लें...तो क्या सिक्ख हो जायेंगे...

दूसरा आदमी : नहीं हो जायेंगे...

सूत्रधार : तो मेहरबानो, फिर क्या फ़र्क है हिन्दू, मुसलमान, सिक्ख और ईसाई में...

एक आदमी : इनके फ़र्क अलग-अलग हैं...

सूत्रधार : हाँ, ये बात तुमने ठीक बताई भाई...आप ज़रा इधर आओ भाई...

(वह आदमी आगे आ जाता है)

सूत्रधार : आपका नाम क्या है मेरे भाई...

आदमी : रामलाल।

सूत्रधार : आपका धर्म?

आदमी : हिन्दू है।

सूत्रधार : आप क्यों हिन्दू हैं...

आदमी : क्यों...क्या मतलब क्यों हिन्दू हैं...

सूत्रधार : हाँ भाई, आप मुसलमान क्यों नहीं हैं, सिक्ख क्यों नहीं हैं...ईसाई क्यों नहीं हैं...पारसी क्यों नहीं हैं...यहूदी क्यों नहीं हैं?

आदमी : सवाल बड़ा अजीब है...

भीड़ में से

एक आवाज़ : अजी इसलिए हिन्दू है कि हिन्दू के घर पैदा हुआ है। इसके पिता हिन्दू थे।

आदमी : हाँ, मेरे पिता हिन्दू थे, बाबा हिन्दू थे, माता हिन्दू थी...मैं भी हिन्दू हूँ...मेरे परिवार में सब हिन्दू थे।

सूत्रधार : बिलकुल ठीक मेरे भाई, बिलकुल ठीक...अब ये बताओ भाई रामलाल कि तुम अगर मुस्लिम परिवार में पैदा होते तो क्या होते?

रामलाल : *(हिचकिचाकर)* मुसलमान होता...

सूत्रधार : तो मेहरबानों...रामलाल अगर मुस्लिम परिवार में पैदा होता तो अलादीन होता...रामलाल अगर सिक्ख परिवार में पैदा होता तो तेजबीर सिंह होता... रामलाल अगर ईसाई परिवार में पैदा होता तो जैकब होता...तो मेरे भाई हिन्दू, मुसलमान, सिक्ख और ईसाई में क्या फ़र्क है...*(ठहरकर)* जब ही मैं कहता हूँ भाई, फ़र्क खून में है...*(चीखकर)* फ़र्क खून में है...लेकिन कोई माई का लाल मुझे बताये...कि इनमें से किस टेस्ट ट्यूब में हिन्दू का खून है, किसमें मुसलमान का, किसमें सिख का और किसमें ईसाई का... आये...बताये...और सही जवाब देकर एक हज़ार रुपये ले जाये। *(नोट दिखाता है)* पूरे देश में घूम चुका हूँ भाई शहर-शहर, मोहल्ले-मोहल्ले, गली-गली छान चुका हूँ भाई..पर कोई ऐसा माई का लाल न मिला जो मेरे सवाल का जवाब दे सके...लेकिन जवाब है, और सिर्फ़ मेरे पास है...तो है *(ठहरकर)* कोई पंडित, कोई मुल्ला, कोई ग्रन्थी, कोई पादरी

जो मेरे सवाल का जवाबदे...नहीं है...है कोई डॉक्टर, कोई पढ़ा-लिखा विद्वान, कोई अफ़सर, कोई एम.एल.ए., कोई एम.पी. जो मेरी बात का जवाब दे...और ले जाए एक हज़ार के करारे नोट...आपके शहर में है ऐसा कोई जो बता सके कि हिन्दू, मुसलमान, सिक्ख और ईसाई में फ़र्क क्या है...उनमें क्या अन्तर है...उनके खून में फ़र्क है, नहीं है कोई ऐसा...नहीं, नहीं...ज़रूर कोई ऐसा होगा। मैं अपना सवाल फिर से दोहराता हूँ, ये चार टेस्ट ट्यूब हैं...इनमें हिन्दू, मुसलमान, सिख और ईसाई का खून है...कौन मुझे बता सकता है कि किस टेस्ट ट्यूब में किसका खून है...चारों के खून में क्या फ़र्क है—फ़र्क बताने वाले को एक हज़ार नकद इनाम... *(दर्शकों से)* आप बतायें भाई साहब...आप बतायेंगे खालसा जी...आप बतायेंगे मास्टर साहब...नहीं...अच्छा, तो मैं गिनती गिनता हूँ। एक...है कोई जो फ़र्क बताये...दो...है कोई हिन्दू, मुसलमान, सिक्ख, ईसाई में फ़र्क बताये...तीन...हैं कोई जो इसमें से हिन्दू, मुसलमान, सिक्ख और ईसाई खून को अलग-अलग कर दें...नहीं है कोई... धन्यवाद, शहर के वासियो...मैं धन्यवाद...मेरे हज़ार रुपये बच गये। *(जेब में रखता है)* मेहरबानों, जिस भी शहर में हिन्दू, मुसलमान एक-दूसरे का खून बहाते हैं...सिक्ख जहाँ दूसरे की गर्दनें काटते हैं, वहाँ जाकर मैं यही सवाल पूछता हूँ...मुझे मेरे सवाल का जवाब कहीं नहीं मिलता...कहीं नहीं मिलता।

भीड़ में से

एक आदमी : पर भाई, तुम्हें तो फ़र्क मालूम है न...

सूत्रधार : हाँ, मुझे मालूम है...पूरे देश में और किसी को नहीं मालूम...पर ये अच्छा हुआ मेरे एक हज़ार रुपये बच गये।

दूसरा आदमी : तो बताओ फ़र्क भाई...

सूत्रधार : क्यों बताऊँ?

आदमी : तो तुमने हमारा इतना टाइम क्यों खराब किया...इतनी देर से यहाँ खड़े हैं कि तुम हिन्दू, मुस्लिम, सिक्ख और ईसाई के खून का अन्तर बताओगे और अब टाल रहे हो।

कई आवाज़ें : हाँ-हाँ, बताओ फ़र्क।

सूत्रधार : सुनना ही चाहते हो तो...हिन्दू, मुस्लिम, सिक्ख और ईसाई के खून में ये फ़र्क है कि....*(ठहरकर सस्पेंस पैदा करते हुए)* बताता हूँ, बताता हूँ...भाई और पास आओ...बड़ी राज़ की बात है...थोड़ा धीरे से बताऊँगा... *(लोग पास खिसक जाते हैं)*...ठीक है, तो सुनो हिन्दू, मुस्लिम, सिक्ख और ईसाई के खून में अन्तर यही है, फ़र्क यही है कि कोई फ़र्क नहीं है मेरे भाई, कोई फ़र्क नहीं है।

आग

<u>पात्र</u>

डॉक्टर पैसा

सुरेश

जानकी दास

सुदर्शन

(डॉक्टर पैसा कुर्सी पर बैठा है। सामने मेज़ पर तरह-तरह की दवा की बोतलें, शीशियाँ रखी हैं। यह लगता है जैसे किसी दवा बेचने वाले की दुकान है। डॉक्टर पैसा के पीछे एक बोर्ड लगा है जिस पर लिखा है—"यहाँ पत्नियों को जलाकर मार डालने की सलाह दी जाती है। डॉक्टर पैसा से सलाह लें। काम इत्मीनानबख़्श होने पर ही दाम दें।" डॉक्टर पैसा की मेज़ पर रखे फ़ोन की घंटी बजने लगती है। डॉक्टर पैसा फ़ोन उठाते हैं।)

डॉक्टर पैसा : हेलो जी...जी हाँ, डॉक्टर पैसा...काम हो गया। वेरी गुड...जी हाँ, जी हाँ...मैरिज ब्यूरो भी मैंने खोल रखा है...देखिए, वो तो करना ही पड़ता है...ये तो वही बात हुई कि दर्ज़ी सिर्फ़ पैंट सीता हो...कमीज़ सिलाने के लिए कहीं और जाना पड़े...मैं तो पैंट और कमीज़ दोनों ही सीता हूँ जी... हें-हें-हें-हें...अब बताइये, लड़की कैसी चाहते हैं...हाँ-हाँ, वो तो मैं समझता हूँ...

(सामने से दो आदमी आते दिखाई देते हैं।)

अच्छा जी, तो आकर बात कर लें...अभी कुछ ग्राहक आ रहे हैं।

(डॉक्टर पैसा फ़ोन रख देता है। आने वाले लोग डॉक्टर पैसा के सामने पहुँचते हैं। अपने सामने लगा बोर्ड पढ़ते हैं और डॉक्टर पैसा को देखते हैं। इन दो लोगों में एक आदमी जवान है तथा दूसरा बूढ़ा है। देखने से दोनों बाप-बेटे लगते हैं। दोनों एक-दूसरे की तरफ़ देखते हैं और जवान (सुरेश) डॉक्टर पैसा से कहता है।)

सुरेश : आप ही डॉक्टर पैसा...?

डॉक्टर पैसा : *(झुककर)* जी हाँ... आपका सेवक डॉक्टर पैसा...बीस साल से लगातार इसी धन्धे में लगा हुआ हूँ...ये देखिए, पूरा 'एलबम'...उन औरतों के चित्र जो मेरी सलाह से...जी हाँ...स्वर्ग पहुँच गयीं... *(थोड़ा दार्शनिक होकर)* जीवन में कष्ट ही कष्ट है भाई...इनसे मुक्ति ही निर्वाण है... *(व्यावहारिक स्वर में)* तो बोलिए जी, क्या सेवा करूँ?

सुरेश : *(घबराते हुए)* जी...ज...ब...वो...म...मेरी...

डॉक्टर पैसा : धीरज धरो भाई, धीरज धरो...सबसे पहले तो अपने मन से यह बात निकाल दो कि तुम किसी बुरे काम को करने जा रहे हो...नहीं, नहीं, नहीं...ये बुरा काम नहीं है... यह प्रथा तो महान सती प्रथा का विस्तार है...इससे सबका भला होता है...जिसमें सबका भला हो...वह तो धर्म है भाई, धर्म।

सुरेश : *(थोड़ा सँभलकर)* जी...मेरी पत्नी... *(हकलाने लगता है)।*

(डॉक्टर पैसा सुरेश के पिता, जानकी दास से)

डॉक्टर पैसा : चाचा जी, आप बताओ... ये बच्चा तो अभी अनाड़ी लगता है...लगता है पहली बार यह काम करने जा रहा है...

जानकी दास : हाँ जी, ऐसी ही बात है... इसकी शादी पिछले साल की थी डॉक्टर साहब...यही पचास हज़ार के आस-पास मिला मिलाया...न तो प्लॉट मिला, न कार मिली, न कुछ और मिला—न अब मिलने का आसरा है...हमें धोखा दिया गया,

डॉक्टर साहब... सुरेश की मार्केट वैल्यू आज की तारीख़ में कम-से-कम बीस लाख है...पक्की सरकारी नौकरी में लगा हुआ है...फण्ड और पेंशन दोनों मिलेंगे...अब आप सलाह दें।

डॉक्टर पैसा : ठीक, बिलकुल ठीक। बीस साल का एक्सपीरियेंस (experience) है मेरे पास...सब काम पक्का हो जायेगा...

जानकी दास : कितना खर्चा आ जायेगा डॉक्टर साहब?

डॉक्टर पैसा : खर्चे की न पूछो...ये भी हो सकता है कि तुम्हें अपनी जेब से एक पैसा न देना पड़े...लड़के की उठाई के पैसे ले लो और बीच से हट जाओ...

जानकी दास : उठाई क्या होती है डॉक्टर साहब...

डॉक्टर पैसा : सुरेश की दूसरी शादी में जो दहेज़ मिलेगा, उससे तुम्हें कोई मतलब नहीं रह जायेगा...पाँच लाख लेकर तुम अलग हो जाओ...और मुझे एक पैसा न दो...लेकिन फिर जो दहेज़ में मिलेगा वह सब मेरा होगा।

जानकी दास : नहीं डॉक्टर साहब, ऐसे बात नहीं बनेगी...

डॉक्टर पैसा : ठीक है, ठीक है, तुम्हारी मर्जी है...अब देखो, तीन पैकेज हैं मेरे पास...सुपर डीलक्स, एक्सट्रा डीलक्स और डीलक्स... सुपर डीलक्स बीस लाख का पैकेज है...बच्ची अपनी जगह पहुँच जायेगी...गैस का सिलेंडर फटेगा...पुलिस एक्सिडेंट का केस दर्ज करेगी...पुलिस और मुकदमे का पूरा खर्च मैं ही उठाऊँगा...एक्स्ट्रा डीलक्स पाँच लाख का है... पुलिस और मुकदमा आपको ही देखना पड़ेगा... डीलक्स पैकेज दो लाख का है...मैटिरियल सप्लाई कर दिया जायेगा, बाकी काम आपको करना पड़ेगा...

जानकी दास : पच्चीस-तीस हज़ार में काम न चल जायेगा डॉक्टर साहब...

डॉक्टर पैसा : पच्चीस-तीस हज़ार रुपये...राम...राम...राम...गौतम बुद्ध, महावीर, कबीर, नानक और महात्मा गाँधी के देश में एक औरत को जलाकर मार डालने की सलाह देने की फीस मात्र

पच्चीस-तीस हज़ार रुपये...अरे भाई, इतने पैसे में तो एक चूहा भी नहीं मरता...तुम लोग, बीस-बाईस साल की लड़की को जलाने के लिए कंजूसी कर रहे हो...शर्म की बात है...डूब मरने की बात है...

जानकी दास : अभी इतना रख लो डॉक्टर साहब... बाकी पैसा बाद में ले लेना...

डॉक्टर पैसा : इधर देर नहीं लगती श्रीमान जी...अभी सलाह लो...घर जाओ...मिट्टी का तेल डालो...काम पूरा...

सुरेश : थोड़ी किफ़ायत न कर देंगे, डॉक्टर साहब।

डॉक्टर पैसा : दो केस ले आओ, तो पन्द्रह परसेंट छूट। तीन केस ले आओ, तो बीस...चार पर पच्चीस...

सुरेश : पर फीस कुछ ज़्यादा ही है डॉक्टर साहब...

डॉक्टर पैसा : देखो, फीस निर्भर करती है इस बात पर कि जिस लड़की को जलाना है वह कैसी है, परिवार कैसा है उसका पिता क्या करता है, भाई कितने हैं, क्या करते हैं... पिता अगर गरीब है...मुकदमा लड़ने और घूस देने की पोजीशन में नहीं है... तो फीस में कमी हो सकती है... हाँ, ध्यान रहे, मिट्टी का तेल हम ही देंगे...बाज़ार से मत लेना...बाज़ार वाले तेल में मिलावट होती है और इसलिए काम होने में थोड़ी परेशानी...यानी लड़की को थोड़ी ज़्यादा तकलीफ़ होती है...हम रिफाइण्ड पेट्रोल रखते हैं, जिससे हवाई जहाज उड़ते हैं...जिस सफ़ाई से जहाज उड़ते हैं...वैसे ही लड़की उड़ जायेगी...

जानकी दास : वह तो सब ठीक है डॉक्टर साहब... पर हमारा ध्यान कर लो... पैसे वाले नहीं हैं हम लोग...

डॉक्टर पैसा : चलो ठीक है... पहले पच्चीस हज़ार निकालो...मेरा टाइम बहुत कीमती है...इतने सवालों का तो मैं जवाब भी नहीं देता...

(जानकी दास पैसे देता है। डॉक्टर पैसा चिमटे से नोटों की

गड़ी पकड़कर मेज़ पर डाल देता है।)

डॉक्टर पैसा : माया है, माया...मैं तो हाथ भी नहीं लगाता...बस, अब भगवान ने मनुष्य का रूप दे दिया है...तो थोड़ी बहुत सांसारिकता भी करनी पड़ती है...वैसे भाई साहब, सुबह जब तक आधा घंटा पूजा न कर लूँ...मन व्याकुल रहता है...

जानकी दास : बाद में कितना लेंगे?

डॉक्टर पैसा : जो दहेज़ तुम्हें मिलेगा...उसका पच्चीस परसेंट।

सुरेश : पच्चीस परसेंट...ये तो बहुत है जी...

डॉक्टर पैसा : ज़्यादा नहीं है...ये तो पैकेज डील है भाई...

जानकी दास : क्या मतलब जी...

डॉक्टर पैसा : मतलब इसी में पुलिस का कमीशन, वकील की फीस, पंचनामे का खर्चा, स्टैम्प पेपर वगैरा का खर्चा...दाह संस्कार का खर्चा...सब शामिल है...मुझे तो मुश्किल से दस परसेंट मिलेगा।

जानकी दास : चलो ठीक है जी...पर एक बात है डॉक्टर साहब...

डॉक्टर पैसा : क्या?

जानकी दास : पुलिस से बड़ा डर लगे है...

डॉक्टर पैसा : कोई भी काम करो...प्रारम्भ में तो डर लगता ही है। भाई...फिर मैं जो हूँ...ये बोतल देख रहे हो... ले जाओ इसे... ले जाओ इसे, रिफाइण्ड पेट्रोल है।

(सुरेश और जानकी दास बोतल ले लेते हैं। अचानक सामने वाला दरवाज़ा खुलता है और सुदर्शन अन्दर आता है। डॉक्टर पैसा को देखकर नमस्कार करता है। सुरेश चौंककर सुदर्शन की तरफ़ देखता है। उसके चेहरे का रंग उड़ जाता है। वह घबराकर अपने पिता से कहता है।)

सुरेश : पिता जी...ये देखो...जीजा जी...

जानकी दास : *(घबराकर)* क्या...कौन? कहाँ बेटा...

सुरेश : जीजा जी...यहाँ आये हैं...

जानकी दास : *(ज़ोर से)* कौन सुदर्शन?

सुरेश : हाँ, सुदर्शन ही हैं।

जानकी दास : *(चीखकर)* हाय मेरी बेटी...

(सुदर्शन इन दोनों को बैठा देखता है और घबरा जाता है।)

जानकी दास : *(चीखकर)* तू यहाँ क्यों आया है रे सुदर्शन...

डॉक्टर पैसा : जिस लिए तुम आये हो बाबा...

(सुरेश और जानकी दास उठकर खड़े हो जाते हैं और डॉक्टर पैसा की मेज़ की ओर बढ़ते हैं।)

जानकी दास : डॉक्टर साहब...ये...ये...आदमी मेरा दामाद है...मेरी लड़की का ब्याह हुआ है इससे...

डॉक्टर पैसा : *(सुदर्शन से)* बड़ी खुशी हुई आपसे मिलकर...

सुरेश : ल...ल...लेकिन...ये आपके पास?

डॉक्टर पैसा : तुम आ सकते हो, तो ये नहीं आ सकते?

जानकी दास : *(रोते हुए)* हाय मेरी बेटी...

डॉक्टर पैसा : *(डाँटकर)* रोइये मत...इससे मेरी दुकानदारी पर असर पड़ता है।

जानकी दास : *(सुदर्शन से)* तू यहाँ क्यों आ गया...तुझे तो मैंने पूरा दस लाख रुपया दिया है कमीने...

सुदर्शन : और इसे *(सुरेश की तरफ़ संकेत करके)* तो बीस लाख मिले हैं...ये...

सुरेश : क्या बकते हो...बीस छोड़कर और मिला क्या...एक प्लॉट... एक फ्लैट भी तो न दिया...

सुदर्शन : अरे, तुमने तो कैश लिया है कैश...

जानकी दास : *(डॉक्टर पैसा से)* डॉक्टर साहब, इसे *(सुदर्शन की ओर संकेत करके)* समझाओ...

डॉक्टर पैसा : वाह...वाह...अरे भाई घोड़ा घास से यारी करेगा तो खायेगा क्या? मैं तो न आपको समझा सकता हूँ, न इन्हें समझा सकता हूँ, मैं तो आप दोनों से यही प्रार्थना करूँगा कि जिस काम के लिए आये हैं, उसे पूरा ही कर डालें...

जानकी दास : *(गुस्से में झपटकर डॉक्टर पैसा का गला पकड़ लेता है)* तुम

मेरी लड़की को मारना चाहते हो, उसकी हत्या करना चाहते हो।

डॉक्टर पैसा : *(अपना गला छुड़ाते हुए)* इतने भावुक मत हों, तुम भी तो किसी की लड़की...वह भी मुझे पच्चीस परसेंट देगा...

जानकी दास : *(अधिक गुस्से से)* नहीं, नहीं, ये नहीं हो सकता..

सुदर्शन : *(चीखकर)* बड़ा चालाक बुड्ढा है...अपने लिए सब कर लेगा...पर...दूसरे के लिए...

डॉक्टर पैसा : सुदर्शन....ये लो...(मेज़ के नीचे से रिफाइन्ड पेट्रोल की बोतल निकालता है) ले जाओ...

(पिता और सुरेश दोनों चीखते हुए बोतल पर झपटते हैं। चारों में हाथापाई होने लगती है। बोतल खुल जाती है और रिफाइन्ड पेट्रोल चारों के ऊपर गिर जाता है। चारों पेट्रोल में नहाये पागलों और जानवरों की तरह एक-दूसरे पर बोतल से वार करते हैं। बोतल दीवार या मेज़ से टकराकर छनाके की आवाज़ के साथ टूट जाती है। ये चारों फ्रीज़ हो जाते हैं। जहाँ के तहाँ ठहर जाते हैं। दर्शकों की ओर से कई लोगों की आवाज़ें एक साथ आती हैं।)

— 'अब इन चारों को माचिस की एक तीली दिखा दो—माचिस की एक तीली।'

सबसे सस्ता गोश्त

<u>पात्र</u>

गायक

हिन्दू नेता

मुस्लिम नेता

पंडित

मुल्ला

अन्य

(मंच-स्थल पर गायक आता है और गाना प्रारम्भ करता है।)

गायक : हिन्दू-मुस्लिम-सिक्ख-ईसाई

नहीं है कोई भाई-भाई

करते हैं सब मिल के लड़ाई

मारा-पीटा आग लगाई

जब देखो तब आफ़त आई

रोज लड़ाई, रोज लड़ाई

(स्वर बदलकर)

धरम के नाम पर बच्चों की टाँगें चीर देते हैं।

धरम के नाम पर औरत की छाती काट देते हैं।

धरम के नाम पर ज़िन्दा जलाते हैं ये लोगों को।

धरम के नाम पर लाशों की ये मण्डी सजाते हैं।

(गायक चला जाता है और मंच-स्थल पर एक हिन्दू नेता तथा एक मुसलमान नेता आते हैं। दोनों हाथ पकड़कर नाचते हुए गाते हैं।)

दोनों : नेता हैं हम जात के

हिन्दू हैं न मुस्लिम

अरे काम हमारा लूट के खाना

हिन्दू हैं न मुस्लिम

(नाचते-नाचते रुक जाते हैं।)

हिन्दू नेता : चुनाव सिर पर आ गये। काम कुछ हुआ नहीं। वोट लेना फिर महँगा पड़ेगा...वैसे तो मेरे चुनाव क्षेत्र में हिन्दुओं का बहुमत है...पर सब मुझसे घृणा करते हैं।

मुस्लिम नेता : मेरे चुनाव इलाके में मुसलमानों की तादाद ज़्यादा है। पर वे सब मेरी शक्ल से नफ़रत करते हैं।

दोनों मिलकर : पर हम नेता हैं। हम नफ़रत को प्यार में बदलना जानते हैं...हम उनसे कहेंगे...

मुस्लिम नेता : बिरादराने इस्लाम, हिन्दुओं ने तुम्हें बर्बाद कर दिया। तुम्हारे घर उजाड़ दिये। तुम्हें ज़िन्दा जला दिया...लेकिन घबराने की क्या बात है, मैं तुम्हारे साथ हूँ... मैं...

हिन्दू नेता : आर्यावर्त के सुपुत्रों, इन मलेच्छ मुसलमानों ने भारत माता के टुकड़े कर डाले। इन्हें क्या अधिकार है यहाँ रहने का। इन्होंने तुम्हारी औरतों की इज़्ज़त लूटी है। बच्चों के गले काटे हैं...आओ, हम मिल-जुलकर आगे बढ़ें...मैं तुम्हारे साथ हूँ, तुम्हारा सेवक...*(हाथ जोड़ता है।)*

मुस्लिम नेता : मैं लोगों का दिल जीत लूँगा। जब उन्हें कर्फ्यू पास दिलाऊँगा...

हिन्दू नेता : राहत सामग्री बाँटूँगा।

मुस्लिम नेता : ज़मानतें कराऊँगा।

हिन्दू नेता : मन्दिर बनवाने के लिए चंदा जमा करूँगा।

मुस्लिम नेता : मस्ज़िद की मरम्मत कराऊँगा।

हिन्दू नेता ः हर-हर महादेव!

मुस्लिम नेता ः अल्ला-हो-अकबर

(एक मुल्ला और एक पंडित भागते हुए मंच-स्थल पर आते हैं और हिन्दू नेता के चरणों में पंडित और मुसलमान नेता के चरणों में मुल्ला बैठ जाते हैं और दोनों उन दोनों के पैर पकड़ लेते हैं।)

मुस्लिम नेता ः *(मुल्ला जी से)* मुल्ला जी, क्यों उदास हो?

मुल्ला ः मस्ज़िद बनवाने के लिए चंदा कम जमा होता है...मेरी साख गिर रही है।

हिन्दू नेता ः *(पंडित से)* क्या कष्ट है पंडित जी?

पंडित ः दान-दक्षिणा, पूजा-पाठ, हवन आदि कोई नहीं कराता, बहुत विधर्म है।

हिन्दू-मुस्लिम
नेता एक साथ ः दोनों खड़े हो जाओ। जैसा कहा जाये करो...पाँचों उँगलियाँ घी में होंगी, सिर कढ़ाई में होगा, टाँगें चूल्हे में होंगी।

(मुल्ला-पंडित खड़े होकर ताली बजाते हैं और नाचने लगते हैं। मंच पर दो बदमाश आते हैं और आते ही ठहाके लगाते हैं।)

बदमाश ः पिटिर-पिटिर बोलकर ही काम नहीं चलेगा नेताओ...देश के रक्षको...आग तो हम ही लगायेंगे...गोलियाँ तो हम ही चलायेंगे। बच्चों की गर्दन तो हम ही काटेंगे। औरतों की इज़्ज़त तो हम ही लूटेंगे। उनकी छातियाँ तो हम ही काटेंगे...कभी वर्दी पहनकर कभी उतारकर हम ही आयेंगे...

हिन्दू नेता ः आओ बहादुरो, तुम तो मेरा दाहिना हाथ हो।

मुस्लिम नेता ः आओ बहादुरो, तुम तो मेरी आँखें हो।

(हाथ पकड़कर गोला बना लेते हैं और गाना गाते हुए नाचते हैं।)

समूह गाना ः सारे जहाँ से पिछड़ा
हिन्दोस्ताँ हमारा

हम भेड़िये हैं इसके
ये माँद है हमारी
मज़हब ही है सिखाता
आपस में बैर रखना
कहने को हम हैं हिन्दी
लेकिन नहीं है हिन्दी।

*(गाना खत्म करके बदमाश मंच-स्थल के कोने पर रखी
एक-एक पोटली उठाकर क्रमशः हिन्दू और मुसलमान
नेताओं को देते हैं।)*

मुस्लिम नेता : *(मुल्ला जी से)* मुल्ला जी, इसे लेकर मस्जिद में डाल दो।

मुल्ला : क्या है इसमें...

मुस्लिम नेता : क्या होगा? बचपने वाली बातें करते हो इसमें वही है जो हमें नेता बना सकता है और तुम्हें चंदा दिला सकता है।

मुल्ला : तब तो ये बड़े काम की चीज़ है।

(मुल्ला पोटली उठा लेता है।)

मुस्लिम नेता : लेकिन देखो! ध्यान रहे... कोई तुम्हें मस्जिद में पोटली डालते न देखे...

मुल्ला : बिलकुल नहीं देखेगा जी... पहली बार यह काम करने थोड़े ही जा रहा हूँ...

हिन्दू नेता : *(पंडित से)* ये पोटली उठाओ...

पंडित : क्या है इसमें...

हिन्दू नेता : जो भी है, उससे तुम्हारा धर्म भ्रष्ट नहीं होगा...बल्कि धर्म की बढ़ोतरी होगी...

पंडित : क्या करना है इसका...

हिन्दू नेता : रात में मन्दिर से जब सब चले जाएँ तो चुपके से इसे मन्दिर में डाल देना...

(पंडित पोटली उठा लेता है)

हिन्दू-मुस्लिम
नेता : अपनी-अपनी पोटलियाँ उठाओ...हिम्मत से काम दिखाओ...

जाओ, जो कहा गया है वही करो...
(मंच-स्थल से सब निकल जाते हैं।)

(मंच-स्थल पर दो पोटलियाँ आकर गिरती हैं और एक तरफ़ से हिन्दू तथा दूसरी तरफ़ से मुसलमान आते हैं।)

हिन्दू : हर-हर महादेव।

मुसलमान : अल्ला-हो-अकबर।

हिन्दू : हम तुम्हारा खून पी जायेंगे।

मुसलमान : हम तुम्हें जहन्नुम पहुँचा देंगे।

(दोनों गिरोह और पास आते हैं, नारे और ज़ोर से लगाते हैं और अपने-अपने हथियार सीधे कर लेते हैं। शोर बढ़ता है। अचानक एक आदमी दोनों गुटों के बीच में आ जाता है—चीखकर कहता है।)

आदमी : ठहरो, रुको, बात सुनो...मैं जानता हूँ, तुम लोग न हिन्दू हो न मुसलमान...तुम लड़ने का फ़ैसला करके ही घर से निकले हो...लेकिन बताओ तो, आखिर बात क्या है?

हिन्दू : मुसलमानों ने मन्दिर में गाय का गोश्त फेंका है, ये देखो।

मुसलमान : हिन्दुओं ने मस्ज़िद में सुअर का गोश्त फेंका है, ये देखो।

(आदमी झुककर दोनों पोटलियों को देखता है, फिर खड़ा होकर।)

आदमी : भाईयो, ये सुअर और गाय का गोश्त नहीं है।

भीड़ : है-है...क्यों नहीं है...

आदमी : नहीं, नहीं दोस्तो, मैंने दुनिया देखी है। क्या तुम समझते हो मैं गाय और सुअर के गोश्त को नहीं पहचानता...देखो, अगर ये सुअर का गोश्त होता तो इसमें चर्बी होती...देखो चर्बी कहाँ है...अगर ये गाय का गोश्त होता तो लाल होता...रेशे...होते...इसमें रेशे कहाँ हैं...नहीं-नहीं, ये गाय और सुअर का गोश्त तो हो ही नहीं सकता...धोखा हुआ है तुम लोगों को।

भीड़ : फिर ये किसका गोश्त है?

आदमी : आप लोग ही बताइये... यहाँ हिन्दू भी हैं और मुसलमान भी हैं... बताइये, ये किसका गोश्त है?

मुसलमान : हम नहीं पहचानते यह किसका गोश्त है...

आदमी : हाँ, आप इसे नहीं पहचान सकते...क्योंकि आप लोगों ने कभी यह गोश्त देखा ही नहीं होगा...

हिन्दू : यह है किसका गोश्त...

आदमी : सुनो...यह आदमी का गोश्त है।

भीड़ : आदमी का गोश्त है?

आदमी : *(विश्वास से)* हाँ, आदमी का गोश्त...ये रंग...ये वे रेशे...यह तो आदमी का गोश्त है मेरे भाई, आदमी का...आदमी के अलावा यह और किसी का गोश्त हो ही नहीं सकता।

हिन्दू-मुस्लिम

नेता : नहीं-नहीं...तुम झूठ बोल रहे हो।

आदमी : रंग और रंगत देखो...रेशे देखो...यह आदमी का ही गोश्त है।

हिन्दू : पक्की बात है...

मुसलमान : सच कह रहे हो...

आदमी : हाँ-हाँ, पक्की से भी पक्की बात बता रहा हूँ...

कुछ आवाज़ें : *(ठंडेपन से)* अच्छा, आदमी का गोश्त है।

एक आवाज़ : तब कोई बात नहीं।

हिन्दू : पंडित जी! आदमी के मांस से तो मन्दिर अपवित्र नहीं हुआ न?

पंडित : नहीं! आदमी के मांस से मन्दिर अपवित्र नहीं होता।

मुसलमान : मुल्ला जी! आदमी के गोश्त से तो मस्ज़िद नापाक नहीं हुई।

मुल्ला : नहीं, बिलकुल नहीं...अगर सुअर का गोश्त होता तो मस्ज़िद नापाक हो जाती...

पंडित : अगर गाय का गोश्त होता तो मन्दिर अपवित्र हो जाता...

कुछ आवाज़ें : कितनी अच्छी बात है कि यह आदमी का गोश्त है।

दूसरी आवाज़ : मन्दिर अपवित्र नहीं हुआ।

तीसरी आवाज़ : मस्ज़िद नापाक नहीं हुई।

चौथी आवाज़ : चलो अच्छा ही हुआ।

पाँचवी आवाज़ : धरम बच गया।

हिन्दू नेता : चलो हिन्दुत्व के रक्षकों, ये गाय का नहीं, आदमी का
गोश्त है।

मुस्लिम नेता : चलो इस्लाम के सिपाहियों, ये सुअर का नहीं आदमी का
गोश्त है।

आदमी : सबसे सस्ता गोश्त...आदमी का गोश्त।
(सब चले जाते हैं।)

सबसे सस्ता गोश्त

<u>पात्र</u>

हिन्दू नेता

मुस्लिम नेता

पंडित

मुल्ला

युवक

सेठ जी

अन्य

['सबसे सस्ता गोश्त' नुक्कड़ नाटक बहुत चर्चित रहा है और इसके अनेकों मंचन हुए हैं। डॉ. शमसुल-इस्लाम की मण्डली 'निशांत' ने इसके एक हज़ार से अधिक प्रदर्शन किये हैं। इन प्रदर्शनों में कभी-कभी विख्यात अभिनेत्री शबाना आज़मी ने भी भाग लिया था। नुक्कड़ नाटक का प्रदर्शन स्थानीय आवश्यकताओं और स्थानीय मण्डली की समझ और उनके दृष्टिकोण से प्रभावित होता है। इस प्रक्रिया में कहीं-कहीं मौलिक नुक्कड़ नाटक में परिवर्तन कर दिये जाते हैं। 'सबसे सस्ता गोश्त' नुक्कड़ नाटक अधिक प्रदर्शित हुए हैं और इस कारण उसके कई प्रकार के पाठ मिलते हैं। नाटक का मुख्य उद्देश्य बना रहता है। लेकिन उसके कुछ अंश बदल जाते हैं। 'सबसे सस्ता गोश्त' का नीचे दिया गया पाठ महाराष्ट्र के एक नुक्कड़ नाटक ग्रुप ने भेजा था जिसे उसी रूप में प्रकाशित किया जा रहा है। इसका उद्देश्य यह है कि

पाठक ये अनुमान लगा सकें कि नुक्कड़ नाटक अलग-अलग क्षेत्रों और अलग-अलग मण्डली द्वारा किस प्रकार से अपनी आवश्यकताओं और सीमाओं के अनुसार बदलता है। अ.व.]

(रंगमंच पर एक युवक बैठा है। वह प्रतिज्ञा पढ़ रहा है। लड़का कहता है, 'भारत मेरा देश है।' यह वाक्य खत्म होते ही, मंच की दोनों विंग की ओर से एक-एक कलाकार यह वाक्य दोहराते मंच पर आते हैं। वाक्य खतम होते ही फ्रीज़ होते हैं। लड़का फिर कहता है, 'सारे भारतीय मेरे भाई-बहन हैं।' इस वाक्य के बाद दोनों विंग की ओर से और दो कलाकार 'भारत मेरा देश है।' यह कहते हुए आते हैं और फ्रीज़ होते हैं! युवक कहता है, 'मुझे अपने देश से प्यार है।' फिर दोनों विंग से और दो कलाकार 'भारत मेरा देश है।' यह कहते हुए आते हैं और फ्रीज़ होते हैं। इसी प्रकार रंगमंच पर बैठा युवक सारी प्रतिज्ञा कहता है और उसके एक-एक वाक्य के बाद दो-दो कलाकार, 'भारत मेरा देश है।' यह वाक्य दोहराते हुए मंच पर आते हैं।)

मैं हमेशा प्रयत्न करूँगा कि उन परम्पराओं का सफल निर्वाह करूँ—
"भारत मेरा देश है। सभी भारतीय मेरे भाई-बहन है। मुझे अपने देश से प्यार है। अपने देश की समृद्ध तथा विविधताओं से विभूषित परम्पराओं पर मुझे गर्व है।"
अनुयायी बनने की क्षमता मुझे प्राप्त हो।
"मैं अपने माता-पिता, गुरुजनों और बड़ों का सम्मान— करूँगा और हर एक से सौजन्यपूर्ण व्यवहार करूँगा।
मैं प्रतिज्ञा करता हूँ कि मैं अपने देश और अपने देश— वासियों के प्रति निष्ठा रखूँगा। उनकी भलाई और समृद्धि में ही मेरा सुख निहित है।"
(प्रतिज्ञा खतम होते ही युवक सुरीली धुन में 'सारे जहाँ से अच्छा' ये गाना शुरू करता है। उसके गाने के साथ ही, बाकी फ्रीज़ कलाकार समूह अलग-अलग दिशा में चलने

लगते हैं। युवक उस समूह में घुल जाता है। गाने के साथ-साथ समूह गाने की धुनकी 'हमींग से' गाने का ताल पकड़ते हैं। युवक की एक कड़ी समाप्त होते ही सारे कलाकार गोलाकार करते हुए और 'सारे जहाँ से अच्छा' यह गाना अमरगीत की धुन पर गाते हुए दौड़ने लगते हैं। थोड़े ही समय में गोलाकार अवस्था में सभी खड़े हो जाते हैं। किन्तु तालियों के साथ गाना चालू ही है। बीच में ही अपनी जगह छोड़ समूह के तीन-चार कलाकार गोल के बीचों-बीच आकर चल रहे गाने की धुन पर बेढंग नाचने लगते हैं। उसी गोलाकार में शामिल हुआ युवक, जो भारतीय जनता का प्रतिनिधि है, चिढ़कर चिल्लाता है। (चुऽऽप) और वह नाच-गाना बन्द कराते हुए दर्शकों के सामने आता है। इस समय युवक गाना गाता है। सारे कलाकार इस युवक के बाद गाने की पंक्ति के आखिरी दो शब्द दोहराते हुए एक जन-समुदाय की तरह युवक के पीछे दर्शकों के सामने आते हैं।)

युवक : यहाँ हिन्दू, मुस्लिम, सिक्ख और इसाई। नहीं है कोई भाई-भाई!

समूह : नहीं है कोई भाई-भाई *(दो बार)*

युवक : करते हैं सब मिल के लड़ाई। मारा-पीटा आग लगाई।

समूह : मारा-पीटा आग लगाई *(दो बार)*

युवक : अरे, जब देखो तब आफ़त आई। रोज़ लड़ाई, रोज़ लड़ाई।

समूह : रोज़ लड़ाई, रोज़ लड़ाई *(दो बार)*

युवक : यहाँ धरम के नाम पे बच्चों की टाँगें चीर देते हैं।

समूह : धरम के नाम, धरम के नाम।

युवक : यहाँ धरम के नाम पे औरत की इज़्ज़त लूटी जाती है।

समूह : धरम के नाम, धरम के नाम।

युवक : यहाँ धरम के नाम पे लोगों को ज़िन्दा जलाया जाता है।

समूह : धरम के नाम, धरम के नाम।

युवक : यहाँ धरम के नाम पे लाशों की मण्डी सजाई जाती है।

समूह : धरम के नाम, धरम के नाम।

(धरम के नाम, धरम के नाम...यह पंक्ति दोहराते हुए सभी कलाकार रंगमंच से प्रस्थान करते हैं और दूसरी विंग से मुल्ला-पंडित प्रवेश करते हैं।)

मुल्ला : कहते हैं धरम के नाम! लाहौल बिलाकुवत, हे अल्ला! उठा ले मुझे। इस महँगाई ने तो नाक में दम कर रखा है।

पंडित : हे भगवान! अब तू ही मेरा तारणहार है। इस महँगाई ने तो जीना हराम कर रखा है।

मुल्ला : और लाड़ला कहता है कि मेडिकल कॉलेज में एडमिशन लिया जाए। कहाँ से ले आऊँ डोनेशन के लिए ढेर सारा पैसा?

पंडित : बीवी कहती है कि घर में कलर टी.वी., वी.सी.आर. लाया जाए, पर पैसे हों तब ना?

मुल्ला : पैसे तो हैं नहीं! और पैसे मिलें भी कैसे? मज़हब के प्रति लोगों में प्यार नहीं है। नयी मस्ज़िद बनवाने का प्रस्ताव रखा तो बोलती बन्द हो गयी सबकी। कम-से-कम मस्ज़िद के चंदे में से कुछ हज़ार तो हाथ लग जाते।

पंडित : नालायक, बेवकूफ! धर्म भ्रष्ट हो रहा है। इसकी किसी को भी चिन्ता नहीं, न पूजा, न पाठ, न होम-हवन, न दान-दक्षिणा। अरे भई, यह सब बन्द हो गया तो मेरा चरितार्थ कैसे चलाया जाएगा? कुछ भी करना क्यों न पड़े, माल जमा करना ही है। अँ...मेरी बात किसी ने सुनी तो नहीं!

(मुल्ला चुपके से सुन रहा है। पंडित का ध्यान उसकी ओर जाता है। तनतनाते हुए मुल्ला के पास आता है।)

पंडित : आपने मेरी बात सुनी?

मुल्ला : आपने मेरी बात सुनी?

(दोनों झगड़ते हैं। फिर एक-दूसरे को समझाने लगते हैं।)

पंडित : अजी छोड़ दीजिए यह झगड़ा।

मुल्ला : अच्छा छोड़ दिया।

पंडित : कहिए मुल्ला जी।

मुल्ला : कहिए पंडित जी।

पंडित : बात क्या है? आप इतने परेशान क्यों हैं?

मुल्ला : बड़ी परेशानी है। लड़के को मेडिकल कॉलेज में दाखिल कराना है। मस्जिद के लिए चंदा जमा करना है और लोग तो साथ नहीं दे रहे हैं। कुछ तो रास्ता ढूँढ़ना पड़ेगा।

पंडित : मेरा भी यही दुःख है। लोगों का मन्दिर आना दिन-ब-दिन कम होता जा रहा है। दान-पेटी की आमदनी घटती जा रही है। घर में कलर टी.वी., वी.सी.आर. की माँग है। समझ में नहीं आता चरितार्थ कैसे चलाया जाए

मुल्ला : मतलब, आपका और मेरा दुःख एक ही है।

पंडित : लेकिन कुछ तो रास्ता ढूँढ़ना चाहिए।

(संसद में चुनाव की घोषणाएँ सुनाई देती हैं। 'नेताजी ज़िन्दाबाद-मुर्दाबाद, जीतेगा भाई जीतेगा, हमारा नेता जीतेगा। हमसे जो टकराएगा, मिट्टी में मिल जाएगा। इनको ही वोट दो! हमको ही वोट दो। वगैरा...चुनाव की घोषणाएँ सुनकर पंडित-मुल्ला खुशी से फूले नहीं समाते।)

पंडित : मिल गया! मुल्ला जी, यह सुनिए आवाज़ें...

मुल्ला : मतलब इलेक्शन! चलिये, जल्दी कीजिए

(मुल्ला, पंडित का प्रस्थान! अन्दर से नेताजी ज़िन्दाबाद का नारा सुनाई देता है। दो नेता विरुद्ध दिशाओं से, पहली विंग से रंगमंच पर प्रवेश करते हैं।)

हिन्दू नेता : चुनाव सर पर आ गये—

मुस्लिम नेता : काम कुछ हुआ नहीं।

हिन्दू नेता : लेकिन वोट तो लेने ही पड़ेंगे।

मुस्लिम नेता : वैसे मेरे चुनाव इलाके में मुसलमानों की तादाद ज़्यादा है। लेकिन सभी मुझसे नफ़रत करते हैं।

हिन्दू नेता : मेरे भी चुनाव क्षेत्र में हिन्दुओं का बहुमत है। पर सभी मुझसे घृणा करते हैं।

मुस्लिम नेता : लेकिन-हम-नफ़रत को—प्यार में बदलना जानते हैं। हाँ ऽऽ
(गाते हैं—)
"नेता हम जात के हिन्दू हैं ना मुस्लिम।
अरे, काम हमारा लूट के खाना हिन्दू हैं ना मुस्लिम।"
*(दोनों नेता यह पंक्ति गाते-गाते मंच की भीतरी ओर चले
जाते हैं। और तीसरी विंग से सेठजी आते हैं। नाच-गाना
रुक जाता है।)*

सेठ जी : खामोश! बन्द करो यह बकवास...उल्लू-पाजी कहीं के।

दोनों नेता : सेठजी...सेठजी, पर हुआ क्या?

सेठ जी : अरे यह पूछो क्या नहीं हुआ? यह इलेक्शन हो रहा है।
या मेरी बरबादी? मेरे बिजनेस का सत्यानाश हो गया।

दोनों नेता : पर सेठजी, हमने तो कुछ नहीं किया।

सेठ जी : तुमने नहीं किया लेकिन उन्होंने...वह तुम्हारे विरोधी दल
वाले...क्या नाम है उनका? ...ख़ैर छोड़ दो...कोर्ट से स्टे
ऑर्डर लाया...मेरी कम्पनी पर!

दोनों नेता : आँ ऽ, स्टे ऑर्डर?

सेठ जी : हाँ-हाँ, स्टे ऑर्डर! कम्पनी मेरी है। मैं हूँ कम्पनी का मालिक।
कम्पनी 'लॉस' हो रही है। बिजनेस घाटे में चल रहा है
तो मैं उसे बन्द करना चाहता हूँ। एक बिल्डर के साथ उस
कम्पनी की जगह का सौदा भी तय हुआ है। लेकिन नहीं...वो
लोग बीच में टाँग अड़ा रहे हैं।

नेता-1 : सेठ जी, मुझे लगता है। यह उनकी चाल है। इलेक्शन के
लिए माल निकालने की।

नेता-2 : नहीं-नहीं सेठ जी! मुझे लगता है, यह उनका स्टंट है।
मतदाताओं पर प्रभाव डालने के लिए।

सेठ जी : मतलब, वो लोग इलेक्शन जीत जायेंगे और तुम हार
जाओगे?

दोनों नेता : नहीं-नहीं सेठ जी! ऐसा नहीं हो सकता, इस बार भी इलेक्शन
हम ही जीतेंगे।

सेठ जी : वो कैसे? तुम्हारे पास तो ऐसा कोई स्टंट है नहीं।

नेता-2 : अरे नहीं है तो क्या हुआ? ढूँढ़ निकालेंगे।

नेता-1 : हाँ-हाँ! ढूँढ़ निकालेंगे।

सेठ जी : ढूँढ़ निकालेंगे? वो कैसे?

नेता-2 : ये राजनीति है सेठ जी!

नेता-1 : और राजनीति में हम लोग माहिर हैं।

सेठ जी : भाड़ में गयी तुम्हारी राजनीति। मुझे क्या? कोई भी जीत के क्यों न आए मेरा बिजनेस संकट में न आये, बस!

नेता-2 : बिलकुल नहीं आएगा।

नेता-1 : आप सिर्फ़ अपना काम कीजिए बाकी सब हम देखते हैं।

नेता-2 : थोड़ा-सा पैसा दीजिए...!

सेठ जी : पैसा? और पैसा?...नहीं-नहीं! वो तो मैं पहले ही आपकी पार्टी के हाई कमान को दे चुका हूँ, अब पैसा बिलकुल नहीं मिलेगा।

नेता-1 : पर सेठ जी, उसमें हमारे हिस्से में जो भी कुछ आया है, वो बहुत ही कम है।

नेता-2 : सेठ जी, हमारे मतदाता गरीब हैं। भूखे हैं। पेट भरने की चिन्ता में उन्हें फुर्सत नहीं है।

नेता-1 : इनकी चिन्ता दूर करने में हम मदद करेंगे, फिर उन्हें इलेक्शन में वोट देने के लिए फुर्सत मिलेगी।

दोनों नेता : और हम अभी चुनाव जीत जायेंगे।

सेठ जी : नहीं! मुझे विश्वास नहीं होता, आपसे चुनाव जीतने की मुझे कोई उम्मीद नहीं।

नेता-2 : सेठ जी, ऐसा न कहिए।

नेता-1 : सिर्फ़ एक बार हमें आज़माकर देखिये।

सेठ जी : ठीक है! लेकिन चुनाव जीतते ही, तुमको मेरा कहना मानना पड़ेगा, मंज़ूर?

दोनों नेता : मंज़ूर!

सेठ जी : विदेशी कम्पनी के साथ मिलकर मैं अपने देहाती इलाके

में एक दवा की फैक्टरी खोलना चाहता हूँ। उसे नो ऑब्जेक्शन सर्टीफिकेट आप देंगे।

नेता-2 : लेकिन ये कैसे हो सकता है? प्रदूषण विरोधी लोग हल्ला मचायेंगे।

नेता-1 : ये तो हमारी राष्ट्रीय सुरक्षा का सवाल है।

सेठ जी : राष्ट्रीय सुरक्षा? ठीक है, तो मैं चला, तुम लोग मेरे बिलकुल काम के नहीं हो।

नेता-2 : नहीं-नहीं सेठजी! हम कोशिश करेंगे।

नेता-1 : और चुपके से क्यों न हो, हम आपका काम कर ही देंगे।

नेता-2 : लेकिन थोड़ी पूँजी और दीजिए।

सेठ जी : ठीक है!...यह लो दस हज़ार।

नेता-2 : अब मैं इलेक्शन जीत जाऊँगा।

सेठ जी : यह लो बीस हज़ार।

नेता-1 : अब मैं इलेक्शन जीत ही गया समझो।

सेठ जी : यह लो पच्चीस हज़ार।

नेता-2 : अब मेरे हारने की कोई चिन्ता नहीं।

सेठ जी : यह लो तीस हज़ार।

नेता-1 : अब मैं अच्छे से जीत जाऊँगा।

सेठ जी : *(दोनों हाथों से)* ये लो पच्चास हज़ार। ...अब और पैसा नहीं मिलेगा।

दोनों नेता : अब हम विरोधियों का नामोनिशान मिटायेंगे।

सेठ जी : ठीक है! मेरा आदमी तुम्हारी रकम आज ही तुम्हें पहुँचा देगा *(जाता है।)*

दोनों नेता : पैसा तो मिल गया।

नेता-2 : अब किसी भी तरह से हमें चुनाव जीतना ही चाहिए।

नेता-1 : वोट हासिल करने ही चाहिए।

दोनों नेता : हाँ। नेता हैं हम जात के, हिन्दू हैं ना मुस्लिम
काम हमारा लूट के खाना, हिन्दू हैं ना मुस्लिम।।
(यह पंक्ति दोहराते हुए दोनों नेता नाचते हैं और मंच

के मध्य में खड़े होते हैं। फिर सभी विंगों से बाकी कलाकार 'नेता जी ज़िंदाबाद' के नारे लगाते रंगमंच पर आते हैं और दोनों नेताओं के आगे दो गुटों में बैठ जाते हैं। यह दो अलग-अलग सभा स्थलों का दृश्य है। सभा शुरू हो जाती है।)

मुल्ला नेता : विरादराने इस्लाम! इन हिन्दुओं ने तुम्हें बर्बाद कर दिया। तुम्हारे घर उजाड़ दिये, तुम्हें ज़िन्दा जला दिया। लेकिन घबराने की कोई बात नहीं, मैं तुम्हारे साथ हूँ। मैं...

मुस्लिम समूह : नेता जी ज़िन्दाबाद (नारे लगाता है) (नेता आदाब करता है।)

हिन्दू नेता : आर्यावर्त के सुपुत्रों, इन मलेच्छ मुसलमानों ने भारतमाता के टुकड़े कर डाले। इन्हें क्या अधिकार है यहाँ रहने का? इन्होंने तुम्हारी औरतों की इज़्ज़त लूटी, तुम्हारे बच्चों के गले काटे, आओ, हम मिल-जुलकर आगे बढ़ें, मैं जो तुम्हारे साथ हूँ...तुम्हारा सेवक (हाथ जोड़ता है।)

हिन्दू समूह : नेताजी ज़िन्दाबाद! (नारे लगाते हैं।)
(मुस्लिम नेता चौंक जाता है। दोनों नेता अपने-अपने समूह पर आश्वासनों की ख़ैरात करते हैं।)

मुस्लिम नेता : मैं तुम्हारी झोपड़ियों का सुधार करूँगा...

हिन्दू नेता : मैं तुम्हें नये मकान दिलाऊँगा...

मुस्लिम नेता : मैं तुम्हारे लिये मस्जिद बनवाऊँगा...

हिन्दू नेता : मैं तुम्हारे लिये मन्दिर बनवाऊँगा...

मुस्लिम नेता : अल्ला-हो-अकबर! (कोई साथ नहीं देता।)

हिन्दू नेता : हर-हर महादेव! (कोई साथ नहीं देता।)
(दोनों गुट 'नेताजी ज़िन्दाबाद' के नारे लगाते खड़े हो जाते हैं। दोनों गुट एक दूसरे में घुल-मिल जाते हैं और दोनों दिशाओं में रंगमंच से बाहर निकल जाते हैं। दोनों नेता उनकी जाने की दिशा में अपनी-अपनी 'अल्ला-हो-अकबर' और 'हर-हर महादेव' की घोषणा में वापस बुलाने का

*असफल प्रयत्न करते हैं इतने में दूसरी विंग से दोनों तरफ़
से मुल्ला-पंडित प्रवेश करते हैं। और अपने-अपने नेताओं
के पास आकर झुककर खड़े रहते हैं।)*

हिन्दू नेता : *(पंडित से)* क्यों पंडित जी, क्या कष्ट है?

पंडित : दान-धरम...पूजा-पाठ...होम-हवन आदि कोई नहीं करता,
बहुत विधर्म है नेता जी...

मुस्लिम नेता : *(मुल्ला से)* क्यों मुल्ला जी, क्यों उदास हो?

मुल्ला : मस्जिद बनवाने के लिए चंदा कम जमा होता है। मज़हब
खतरे में है नेताजी!

दोनों नेता : अच्छा! कोई बात नहीं, इधर आओ!

*(दोनों मुल्ला-पंडित अपने-अपने नेताओं के पास जाते हैं।
नेता उनके कान में कुछ कहते हैं। मुल्ला-पंडित के होश
उड़ जाते हैं।)*

मुल्ला-पंडित : नहीं...नहीं, ये काम हमसे नहीं होगा।

*(दोनों नेता ताली बजाते हैं। दो गुण्डे दोनों दिशाओं से,
पहली विंग से प्रवेश करते हैं और अपने-अपने नेता के पास
आते हैं।)*

पहला गुण्डा : कहिए नेता जी, क्या आज्ञा है?

दूसरा गुण्डा : कहिए नेता जी, क्या हुकुम है?

दोनों नेता : आओ बहादुरों!

मुस्लिम नेता : तुम तो मेरा दाहिना हाथ हो।

हिन्दू नेता : तुम तो मेरी आँखें हो।

(दोनों नेता, दोनों गुण्डों के कानों में कुछ कहते हैं।)

दोनों गुंडे : ठीक है! लेकिन हमारा भी काम होना चाहिए।

दोनों नेता : हाँ-हाँ...बोलो!

हिन्दू गुण्डा : मेरे बीयर बार को परमिट मिलना चाहिए।

हिन्दू नेता : ज़रूर मिलेगा! मैं चुनकर आते ही पहला काम तुम्हारा ही
करूँगा।

मुस्लिम गुण्डा : मेरे मटके के अड्डे को हमेशा के लिए पनाह दी जाए।

मुस्लिम नेता : फ़िक्र मत करो! मैं चुनाव में बाज़ी मारते ही पहला काम तुम्हारा ही करूँगा।

दोनों गुण्डे : तो बात पक्की!

दोनों नेता : हाँ-हाँ, बिलकुल पक्की!

(दोनों नेता मुल्ला-पंडित की ओर इशारा करके पहली विंग में प्रवेश करते हैं! गुण्डे नाचते-नाचते, गाने लगते हैं। मुल्ला-पंडित की ओर बढ़ते हैं। उन पर हावी हो जाते हैं।)

दोनों गुण्डे : नेताओं-नेताओं, देश के नेताओं *(दो बार)*

बच्चों की टाँगें तो हम ही चीरेंगे—*(दो बार)*

औरत की इज़्ज़त तो हम ही लूटेंगे।। नेताओं...

बस्ती-बस्ती आग तो हम ही लगायेंगे—*(दो बार)*

खून-खराबा धमा-चौकड़ी हम ही मचायेंगे।। नेताओं...

(गाना खत्म होता है। दोनों नेता हाथ में एक-एक पोटली लिए, मुल्ला-पंडित के सामने आते हैं। नेता पोटली छिपाए हुए हैं।)

मुल्ला-पंडित : बस! बस कीजिए नेताजी!

दोनों नेता : ठीक है! यह लो...

मुल्ला-पंडित : क्या है इसमें?

मुस्लिम नेता : कैसी बच्चों जैसी बातें करते हो। इसमें है सुअर का गोश्त।

मुल्ला : सुअर का गोश्त? *(पोटली फेंक देता है।)*

हिन्दू नेता : इसमें है गाय का गोश्त।

पंडित : गाय का गोश्त? *(पोटली फेंकता है।)*

मुस्लिम नेता : जाओ, सुअर मस्जिद में पहुँचाओ!

हिन्दू नेता : जाओ, गाय मन्दिर में पहुँचाओ!

मुल्ला : या अल्ला, ये काम मुझसे नहीं होगा।

पंडित : हे भगवान, ये काम मुझसे नहीं होगा।

(दोनों नेता गुण्डों को इशारा करते हैं। गुण्डे इस चीज़ को बर्दाश्त नहीं कर पाते हैं। इनको पोटली उठाने को मजबूर करते हैं। काँपते हुए पंडित और मुल्ला पोटली उठाते हैं।)

मुस्लिम नेता : जैसा कहा जाए, वैसा ही करो।

हिन्दू नेता : पाँचों उँगलियाँ घी में होंगी।

(अँधेरा छा जाता है। सभी विंगों से बाकी कलाकार गम्भीर स्वर में गाते हुए रंगमंच पर आते हैं और दो प्रार्थना स्थल तैयार हो जाते हैं। दोनों समूहों का नेतृत्च मुल्ला तथा पंडित करते हैं। गम्भीर स्वर में 'मज़हब नहीं सिखाता आपस में बैर रखना, सारे जहाँ से अच्छा हिन्दुस्तां हमारा' ...रंगमंच प्रकाशमान बन जाता है। नज़र आते हैं। दो प्रार्थना स्थल, मन्दिर और मस्ज़िद! मुसलमान नमाज़ पढ़ रहे हैं। मन्दिर में प्रार्थना चल रही है।)

मुल्ला : बाँग *(अजान)* देता तो और स्तब्ध।

पंडित : ओम जय जगदीश हरे, स्वामी जय जगदीश हरे,

भक्तजनों के संकट! दास जनों के संकट

क्षण में दूर करे। ओम जय जगदीश हरे!

(समूह प्रार्थना : तीन-चार बार अलग-अलग स्वरों में दोहराता है। इस बीच में बाँग दी जाती है।...एकाएक गोश्त की पोटलियाँ उनके सामने गिरती हैं। प्रार्थना एकदम रुकती है। दोनों समूह खड़े हो जाते हैं।)

दोनों समूह : क्या है इसमें?

मुल्ला-पंडित : *(पोटली उठाकर/खोलकर)* गोश्त!

दोनों समूह : किसका गोश्त?

मुल्ला : सुअर का गोश्त!

मुस्लिम समूह : *(हिन्दुओं को देखकर)* सुअर का गोश्त?

पंडित : गाय का गोश्त!

हिन्दू समूह : *(मुसलमानों को देखकर)* गाय का गोश्त?

मुस्लिम नेता : हमारी मस्ज़िद में सुअर का गोश्त डालते हो?

हिन्दू नेता : हमारे मन्दिर में गाय का गोश्त डालते हो?

मुस्लिम नेता : हम बदला लेंगे...

मुस्लिम समूह : हम बदला लेंगे!

हिन्दू नेता : हम बदला लेंगे...

हिन्दू समूह : हम बदला लेंगे!

मुस्लिम नेता : अल्लाह-हो-अकबर!

मुस्लिम समूह : अल्लाह-हो-अकबर!

हिन्दू नेता : हर-हर महादेव!

हिन्दू समूह : हर-हर महादेव!

(रंगमंच पर भागदौड़ शुरू हो जाती है। दोनों समूह एक-दूसरे पर टूट पड़ते हैं, मारो-काटो-की आवाज़ें..नारे... चीखें...सुनाई देती हैं। इसी भागदौड़ में एक युवक की चीख ज़ोर से सुनाई देती है। सभी एकाएक रुक जाते हैं। सन्नाटा, दोनों समूह धीरे-धीरे युवक की ओर बढ़ते हैं... ।)

युवक : ठहरो ऽ ... क्या बात है भाइयों? आप लोग इस तरह आपस में क्यों लड़ रहे हो?

(दोनों समूह आमने-सामने सीना तानकर-आस्तीन सँवार कर खड़े हैं, बीच में युवक खड़ा है।)

मुस्लिम नेता : इन हिन्दुओं ने हमारी मस्ज़िद में सुअर का गोश्त डाला है।

युवक : सुअर का गोश्त?

मुस्लिम समूह : हाँ-हाँ...सुअर का गोश्त! वो देखो, वो देखो...

हिन्दू नेता : इन मुसलमानों ने हमारे मन्दिर में गाय का गोश्त डाला है।

युवक : गाय का गोश्त?

हिन्दू समूह : हाँ-हाँ... गाय का गोश्त! वो देखो, वो देखो!

(युवक पोटलियों की ओर बढ़ता है। हिन्दुओं की पोटली उठाकर देखता है।)

हिन्दू समूह : गाय का गोश्त! गाय का गोश्त! गाय का गोश्त। (युवक पोटली रखता है।)*

(युवक मुसलमानों की पोटली उठाता है।)

मुस्लिम समूह : सुअर का गोश्त! सुअर का गोश्त! सुअर का गोश्त!

(युवक पोटली रखता है।...दोनों पोटलियाँ गौर से देखता है। फिर...)

युवक : *(मुसलमान समूह से)* ये सुअर का गोश्त नहीं है।

मुस्लिम समूह : ये सुअर का गोश्त है। सुअर का गोश्त है।

युवक : *(हिन्दू समूह से)* ये गाय का गोश्त नहीं है।

हिन्दू समूह : ये गाय का गोश्त है। गाय का गोश्त है।

(युवक फिर निराश होता है। एक पोटली उठाता है। फिर हिन्दू समूह से...)

युवक : नहीं-नहीं! भाइयों आपके साथ धोखा हुआ है, ये गाय का गोश्त नहीं है। मैंने गाय का गोश्त देखा है। वो लाल रंग का होता है। उस पर रेशे होते हैं। देखो, इस पर रेशे कहाँ हैं। यह गाय का गोश्त नहीं है।

हिन्दू युवक : अबे क्यों दिमाग खाता है। यह गाय का ही गोश्त है।

समूह : हाँ-हाँ! यह गाय का गोश्त है।

(युवक वह पोटली रखता है।)

(दूसरी पोटली लेकर मुस्लिम समूह की ओर आता है।)

युवक : भाइयो, मैंने सुअर का गोश्त देखा है। उस पर चर्बी होती है। देखो इस पर चर्बी कहाँ है। यह सुअर का गोश्त नहीं है।

मुल्ला : अबे! क्यों उल्लू बना रहा है। यह सुअर का ही गोश्त है।

मुस्लिम समूह : हाँ-हाँ! यह सुअर का ही गोश्त है।

(युवक वह पोटली भी रख देता है। फिर आत्म-विश्वास से...)

युवक : नहीं-नहीं! भाइयों, ये गाय का या सुअर का गोश्त हो ही नहीं सकता।

सभी : फिर किसका गोश्त है, बोलो? किसका गोश्त है?

(सभी शोरगुल मचाते हैं।)

युवक : सुनो...सुनो, ये आदमी का गोश्त है।

दोनों नेता : *(गाँधी टोपी पहन लेते हैं।)* नहीं, तुम झूठ बोलते हो।

युवक : नहीं मेरे भाइयो! मैंने गाय का गोश्त देखा है। मैंने सुअर का गोश्त भी देखा है। ये गाय या सुअर का गोश्त हो ही

नहीं सकता। ये आदमी के गोश्त के सिवा कुछ हो ही नहीं
सकता।

मुस्लिम एक : अच्छा...! आदमी का गोश्त?

हिन्दू एक : चलो, अच्छा हुआ! मन्दिर अपवित्र नहीं हुआ।

मुस्लिम दो : चलो, अच्छा हुआ! मस्ज़िद खराब नहीं हुई।

मुस्लिम नेता : चलो हिन्दुत्व के रक्षकों धर्म बच गया।

मुस्लिम नेता : चलो इस्लाम के सिपाहियों, इस्लाम बच गया।

(सभी पीछे मुड़कर आगे चलते हैं।)

युवक : क्या आदमी का गोश्त इतना सस्ता है। नहीं-नहीं...! मैं
भी आदमी हूँ, क्या मेरा गोश्त इतना सस्ता है?...आप...आप
भी आदमी हैं ना? क्या हमारा गोश्त इतना सस्ता है।
नहीं...नहीं...बिलकुल नहीं।

*(दोनों नेता और गुण्डे युवक को घेर लेते हैं। युवक गोश्त
की पोटलियाँ सीने से लगाए उनके बीच खड़ा है। ...वो
समझ जाता है कि उस पर अब हमला होने वाला है। अपने
अन्तिम समय तक राष्ट्रीय भावना से एकनिष्ठ रहते हुए
युवक डर के मारे संगीत...सभी भारतीय मेरे भाई-बहन हैं!
इस वाक्य का उच्चारण करता है। दोनों गुण्डे युवक के
सीने में छुरा भौंक देने का अभिनय करते हैं और दोनों विंगों
से भाग जाते हैं। सन्नाटे में एक लम्बी चीख उठती है जो
युवक की है। और युवक वहीं पर गिरता है। फिर सन्नाटा।
इस दरम्यान दर्शकों की तरफ़ पीठ किए हुए दोनों गुटों के
समूह एक ही झटके में युवक की ओर चौंककर घूम जाते
हैं। दोनों नेता तुरन्त चालाकी करके युवक के शव की तरफ़
बढ़ जाते हैं और गम्भीर आवाज़ में युवक की अधूरी प्रतिज्ञा
शुरू करते हैं।)*

दोनों नेता : ...मैं प्रतिज्ञा करता हूँ कि मैं अपने देश और देशवासियों
के प्रति निष्ठा रखूँगा। उनकी भलाई और समृद्धि में ही
मेरा सुख निहित है...

(जैसे ही दोनों नेता अधूरी प्रतिज्ञा शुरू करते हैं। मुल्ला और पंडित दोनों नेताओं के बीच में दृश्यमान होते हैं, पंडित कन्धे पर से अपनी शॉल उतारकर मुल्ला की मदद से युवक के शव पर गम्भीरता से फैलाता है। फिर मुल्ला और पंडित दोनों नेताओं के बीच में आकर खड़े होते हैं। इस सारी प्रक्रिया में जैसे ही दोनों नेताओं के बीच में आकर खड़े होते हैं और जैसे ही दोनों नेता अपनी प्रतिज्ञा की आखिरी लाइन खत्म करते हैं, पीछे खड़े दोनों गुट के समूह एकत्रित होकर प्रतिज्ञा की आख़िरी पंक्ति पर नेता तथा मुल्ला-पंडित के नजदीक आकर खड़े हो जाते हैं और युवक को श्रद्धांजलि अर्पित करता हुआ एक ही समूह तैयार होता है। जिसमें समाज के आम लोग, मुल्ला-पंडित और नेता शामिल हैं।...कोरस की गम्भीर पंक्ति पर भारत मेरा देश है। धीमे-धीमे स्वर में चालू रहते हुए पर्दा गिरता है।)

क्या उपाय है

<u>पात्र</u>

प्रोफ़ेसर क

प्रोफ़ेसर ख

प्रोफ़ेसर ग

मेवालाल

पुलिस का दरोगा

लड़की

(प्रोफ़ेसर क और प्रोफ़ेसर ख मंच-स्थल पर आते हैं।)

प्रोफ़ेसर क : *(दर्शकों से)* इस देश के साधारण नागरिकों... आपका सौभाग्य है कि आपके शहर में आज प्रोफ़ेसर क पधारे हैं। मैंने...यानी मैं ही प्रोफ़ेसर क हूँ, तो मैंने चालीस वर्ष तक शोध किया है, पर अभी तक थका नहीं हूँ...चुका नहीं हूँ...समझता हूँ अगर ऐसे-ऐसे दस जीवन मिलें, तो मैं शोध यानी रिसर्च ही करता रहूँगा...रिसर्च, मतलब सत्य की खोज...मैं वैज्ञानिक हूँ...मैं एक विशेष प्रकाश 'सत्य' का अध्ययन कर रहा हूँ...इससे पहले मैं ध्वनि के ऐसे नियमों की खोज में था जिन्हें कोई नहीं जानता था...उससे पहले लेज़र प्रकाश की गति और आयाम का अध्ययन करता रहा...और मैं चुनौती देता हूँ कि इस देश में जब तक शोध नहीं होगा तब तक कुछ

नहीं हो सकता...

प्रोफ़ेसर ख : *(दर्शकों से)* प्रोफ़ेसर क ठीक कहते हैं...किसी भी समाज के लिए शोध बहुत आवश्यक है...ज्ञान...नॉलिज...मैं समाजशास्त्री हूँ...आदिवासियों पर प्रोजेक्ट कर रहा हूँ। दस लाख डॉलर का प्रोजेक्ट है। इतना बड़ा प्रोजेक्ट सोशल साइंसेस के इतिहास में किसी को नहीं मिला है...समझे आप लोग... *(प्रोफ़ेसर ग नृत्य करते हुए मंच पर आते हैं और एक विशेष मुद्रा में स्थिर हो जाते हैं।)*

प्रोफ़ेसर ग : मैं लोक-कलाओं का विशेषज्ञ हूँ...आज लंदन में हूँ...कल पेरिस में तो परसों न्यूयार्क में...फिर टोक्यो का कार्यक्रम है तो उसी के बाद होनोलूलू जाना है...भारतीय लोक-कलाओं को विदेशों में किसने स्थापित किया है...मैंने...लोक-साहित्य ...कलाएँ...नृत्य-चित्र...अहा-हा-हा... लोक-धुनों पर मेरे पैर थिरकते हैं...लोक-संगीत मेरे मस्तिष्क में गूँजता है...मेरी चाल नृत्यों में ढल गयी है...अभी पिछले ही साल पद्म विभूषण मिला है...मुझे नहीं...ये तो लोक-कलाओं का सम्मान हुआ है, रचनात्मकता का सम्मान हुआ है... *(हँसकर)* मेरा कहाँ?

प्रोफ़ेसर क : तो इस देश के साधारण नागरिकों...हम लोग इस अकाल ग्रस्त क्षेत्र में शोध करने आये हैं..मेवालाल...ए मेवालाल...लोग कहाँ हैं?

(मेवालाल आकर हाथ जोड़ता है।)

प्रोफ़ेसर ख : लोग कहाँ हैं...हमने उनका इंटरव्यू करने के लिए अट्ठारह सौ किलोमीटर की दूरी हवाई जहाज से तय की है... पचास किलोमीटर जीप पर बैठे हैं...

मेवालाल : सरकार, दरअसल अकाल पड़ा है न...

प्रोफ़ेसर ग : मेवालाल, अकाल में ही तो कला होती है। यही कारण है कि आज योरोप, अमेरिका में कला नहीं है। तुम अकाल को बुरा समझते हो...पर कला और वह भी लोक-कलाओं की दृष्टि से यह महान घटना है। लोग क्यों नहीं आ रहे हैं?

मेवालाल : अकाल के कारण लोग आ नहीं रहे हैं।

प्रोफ़ेसर ख : वेरी अनफॉर्चुनेट...लेकिन मेवालाल हमें इससे कुछ लेना-देना नहीं है। हम अपना डेटा कलेक्ट किये बिना यहाँ से नहीं जायेंगे। उस लड़की का क्या हुआ जिसके साथ गुण्डों ने सामूहिक बलात्कार किया था। उसका इंटरव्यू लेना बहुत ज़रूरी है...बल्कि दरअसल उसी पर मेरा यह पेपर आधारित होगा।

मेवालाल : वह भी नहीं आ रही है, श्रीमान...

प्रोफ़ेसर ग : मेवालाल, उनसे कहो वे अपनी लोक-धुनों पर नाचते- गाते चले आयें।

मेवालाल : पर वे भूखे हैं, श्रीमान...

प्रोफ़ेसर क : ये क्या बकवास है? साइंस की पूरी प्रगति और शोध के आगे चंद लोगों की भूख की क्या हैसियत है...मेवालाल, उनसे कहो भूखे हों या प्यासे हों। विश्व मानव बिरादरी के ज्ञान-कोष में उन्हें योगदान देना ही पड़ेगा।

प्रोफ़ेसर ख : बिलकुल देना पड़ेगा...हँसी-खेल नहीं है। इतनी प्रॉब्लम तो योरोप में डेटा कलेक्ट करने में नहीं होती।

प्रोफ़ेसर क : अजी वहाँ तो फ़ोन पर ही हो जाता है।

प्रोफ़ेसर ग : मेवालाल, लोगों को तुरन्त बुला लाओ।

मेवालाल : पर वे आ नहीं रहे, साहब।

प्रोफ़ेसर क : तब तो पुलिस की सहायता लेनी पड़ेगी।

प्रोफ़ेसर ग : मेरे साथ तो हमेशा यही होता है। इन लोगों को पुलिस ही नचा सकती है।

प्रोफ़ेसर क : मेवालाल, तुम थाने चले जाओ। दरोगा जी को हमारा सलाम बोलो।

(मेवालाल चला जाता है।)

प्रोफ़ेसर ख : यही इस देश का दुर्भाग्य है। यहाँ सब कुछ है पर रिसर्च नहीं है।

प्रोफ़ेसर ग : अब सोचिए मैंने पच्चीस सौ पृष्ठों की थीसिस कैसे लिखी होगी।

प्रोफ़ेसर क : दरोगा जी, हम लोग इस एरिया में रिसर्च करने आये हैं। आपकी सहायता चाहिए।

दरोगा : रिसर्चर...ये तो इधर नहीं है, साहब। अगले थाने में पड़ता है।

प्रोफ़ेसर ख : आप समझे नहीं। रिसर्च यानी शोध।

दरोगा : अजी ये किसी आदमी का नाम है या जगह का नाम है या कोई नया विभाग खोला गया है या...

प्रोफ़ेसर ख : समझे नहीं...आप कहाँ तक पढ़े हैं, दरोगा जी...

दरोगा : एम.ए. पास हूँ।

प्रोफ़ेसर ग : ठीक है–ठीक है। हमें दरअसल आदमी चाहिए।

दरोगा : मुर्दा या ज़िन्दा?

प्रोफ़ेसर क : चाहे जैसा मिल जाए।

प्रोफ़ेसर ग : नहीं-नहीं, प्रोफ़ेसर क आपका काम तो दोनों से चल जायेगा। लेकिन मुझे और प्रोफ़ेसर ग को ज़िन्दा आदमी चाहिए।

दरोगा : क्या कुछ बेगार कराना है, साहब!

प्रोफ़ेसर क : यही समझ लो। तुम तो एम.ए. पास हो।

प्रोफ़ेसर ख : और उस लड़की को भी लाना है जिसके साथ आठ लोगों ने बलात्कार कर दिया था...उसके साथ इंटरव्यू करना है।

मेवालाल : अब न कीजिएगा सरकार...उसके साथ आठ आदमी...

दरोगा : *(उसे डाँटकर)* चुप साले...ये जो चाहेंगे करेंगे...सरकारी आदमी हैं...

दरोगा : तो मैं अभी लाया...उन सबको...और लड़की को...

प्रोफ़ेसर क : *(मेवालाल से)* तुम हम लोगों के खाने और रहने का इन्तज़ाम करो।

प्रोफ़ेसर ख : ये आप क्या कह रहे हैं प्रोफ़ेसर क...हम लोग यहाँ खायेंगे? इस घोर जंगल और गाँव में?

प्रोफ़ेसर क : ओ सॉरी...मैं समझा यहाँ कोई फाइव स्टार होटल ज़रूर होगा।

प्रोफ़ेसर ग : भाई कला, नृत्य और संगीत की बात है...पर इन लोगों का खाना...वैसे आप लोग घबराएँ न...मैं अपने साथ टिन्ड फ्रूट लाया हूँ...जूस लाया हूँ...हर तरह का मिनरल वॉटर है।

प्रोफ़ेसर क : आप वास्तव में कलाकार निकले प्रोफ़ेसर ग...

(दरोगा लड़की को लेकर आया है तथा उनके पीछे दो आदमी हैं।)

दरोगा : यही है वह लड़की जिसके साथ...

प्रोफ़ेसर ख : ठीक है, ठीक है...लड़की, इधर आओ...

(लड़की आगे बढ़ती है।)

मेवालाल : साहब, ये वो लड़की नहीं है।

प्रोफ़ेसर ख : *(चीखकर)* क्या, ये वो लड़की नहीं है? दरोगा, तुम हम को धोखा देते हो..समझ लो...डी.एम., कमिश्नर, सेक्रेटरी, मिनिस्टर, प्राइम मिनिस्टर...सब...

दरोगा : नहीं सरकार! धोखा कैसे...ये लड़की तो मुझसे बोली थी वही लड़की है जिसके साथ...

मेवालाल : नहीं, वो दूसरी लड़की है...आजकल गाँव में नहीं है।

प्रोफ़ेसर ख : तब तो मैं बर्बाद हो गया...हाय! मेरा रिसर्च पेपर...

दरोगा : सर...एक काम हो सकता है...आप कहें...कहें तो मैं इसका बलात्कार कर दूँ...

प्रोफ़ेसर ख : नहीं दरोगा, नहीं...वैसे थैंक यू वेरी मच फ़ॉर योर काइंड ऑफ़र...पर उससे काम नहीं चलेगा...उसके साथ तो आठ लोगों ने बलात्कार किया था।

दरोगा : तो मैं आठ बार...

प्रोफ़ेसर ख : ओ ग्रेट दारोगा...ग्रेट...तुमको इतनी छोटी पोस्ट पर क्यों रख छोड़ा गया है...तुम्हें तो मन्त्री...नहीं...नहीं उससे भी बड़ी पोस्ट...पर एक अड़चन है...उसके साथ तो आठ अलग-अलग लोगों ने बलात्कार किया था...और इसके साथ तुम अकेले आठ बार बलात्कार करोगे...मेरा डेटा गलत हो जाएगा...नहीं,

नहीं, रिसर्च इज़ रिसर्च...समझे?

दरोगा : समझा...तब एक उपाय है।

प्रोफ़ेसर ख : ओ हो...अब भी कोई उपाय है...अरे, तुम तो ग्रेट हो दरोगा
जी...मैं फिर कहता हूँ कि देश का दुर्भाग्य है कि तुम जैसे
लोग...बताओ, क्या उपाय है?

दरोगा : इसको थाने भेज देते हैं...वहाँ आठ क्या अट्ठारह आदमी...

प्रोफ़ेसर ख : *(उछलकर)* ग्रेट, ग्रेट...शोध के लिए तुम जैसा त्याग कर रहे
हो वह हमारे इतिहास में हमेशा याद किया जाएगा। मैं तुम्हें
पद्मश्री के लिए रिकमेंड कर सकता हूँ...अभूतपूर्व साहस
का प्रदर्शन किया...

दरोगा : ए लड़की, चलो थाने चलो।

प्रोफ़ेसर क : भाई साहब का तो काम बना दिया आपने। मेरा काम भी
बना दें...

प्रोफ़ेसर ग : और मेरा काम...

दरोगा : ये दो आदमी आप लोगों के काम के लिए लाया हूँ। ए!
तुम लोग आगे आओ...पीछे क्यों खड़े हो?
(दोनों आदमी आगे आते हैं।)

प्रोफ़ेसर ग : आओ...तुम लोग कोई लोक-गीत सुनाओ...
(दोनों व्यक्ति अपने पेट की ओर उँगली से संकेत करते हैं।)

प्रोफ़ेसर ग : अच्छा तो नृत्य करके दिखाओ।
(वे फिर पेट की ओर संकेत करते हैं।)

प्रोफ़ेसर ग : अच्छा तो कोई ढोलक ही बजा दो...और याद रखो...इंडिया
फेस्टिवल के लिए कलाकारों का चयन मैं ही कर रहा
हूँ...एकदम मैं...लंदन, पेरिस, न्यूयार्क समझे! नहीं समझे, तो
वहाँ पहुँचकर समझ जाओगे...चलो बजाओ।
(वे फिर पेट की ओर संकेत करते हैं।)

प्रोफ़ेसर क : अच्छा, अब मैं विज्ञान सम्बन्धी प्रश्न पूछ रहा हूँ...यह बताओ
कंप्यूटर के बारे में कुछ जानते हो...
(वे पेट की ओर संकेत करते हैं।)

प्रोफ़ेसर ग : यार दरोगा जी, तुम कैसे आदमी पकड़ लाये...ये तो मुर्दों से भी गए बीते हैं...ज़बान ही नहीं खोलते।

दरोगा : मैं ही खुलवा सकता हूँ इनकी ज़बान...
(डंडा लेकर दोनों को मारने लगता है। दोनों चीखने चिल्लाने-रोने लगते हैं। प्रोफ़ेसर ग अपनी डायरी में जल्दी-जल्दी कुछ लिखते जाते हैं। दरोगा के लगातार प्रहार से एक आदमी गिर जाता है। फिर दूसरा भी गिर जाता है।)

दरोगा : देखा, कितना बोले?

प्रोफ़ेसर ख : पर अब...?

प्रोफ़ेसर क : अरे मूर्ख दरोगा, तूने उन्हें मार तो नहीं डाला।
(दरोगा उनकी नब्ज़ देखकर)

दरोगा : हाँ जी, ये दोनों तो मर गए...

प्रोफ़ेसर क : अरे, अब मेरे डेटा का क्या होगा?

प्रोफ़ेसर ग : *(हँसकर)* मेरा तो डेटा कलेक्ट हो गया।

प्रोफ़ेसर क : वो कैसे?

प्रोफ़ेसर ग : आपने देखा नहीं। उन लोगों के रोने में भी संगीत था। लय थी...स्वर थे...वो सब मैंने नोट कर लिया है...पहले वे पंचम में रो रहे थे...फिर मल्हार में रोने लगे...फिर दरबारी में...फिर मालकोस में...फिर *(ज़ोर से हँसकर)* इसे कहते हैं रिसर्च माइंड...समझे आप?

प्रोफ़ेसर क : दरोगा जी! तुमने इन्हें मारकर मेरा काम तो चौपट करा दिया...

दरोगा : एक उपाय है।

प्रोफ़ेसर क : क्या?

दरोगा : मैं दो आदमी और पकड़े लाता हूँ...

प्रोफ़ेसर क : *(चीखकर)* ग्रेट दरोगा ग्रेट।

मुरलीधर की मुरली

पात्र

जज

वकील

मुरलीधर

मुरलीधर की पत्नी

सुखीराम

लड़का

अन्य

(मंच-स्थल पर रखी ऊँची कुर्सी पर जज बैठा है, जज कुर्सी से खड़ा होता है।)

जज : दर्शकों को मेरा नमस्कार, मैं इस नाटक में जज की भूमिका कर रहा हूँ। आप लोगों को मेरा काम पसन्द आया या नहीं–नाटक के बाद बताना न भूलिएगा।

(जज बैठ जाता है। दूसरा अभिनेता जो वकील है, सामने आता है, हाथ जोड़कर दर्शकों को नमस्कार करता है)

वकील : मैं वकील बना हूँ इस नाटक में। आप जानते ही हैं, वकील न हों तो दुनिया के काम ही न चलें। वकील-यानी सफ़ेद को काला और काले को सफ़ेद करने वाला...पर दोस्तों, इस मुकदमे में मैं जिस मुज़रिम को सज़ा दिलाने जा रहा हूँ वह वास्तव में अपराधी है...आप खुद देख लेंगे।

(वकील बैठ जाता है। मुरलीधर मुज़रिम खड़ा होता है। दर्शकों को नमस्कार करता है।)

मुरलीधर : मुझे मुज़रिम बनाया गया है। अपराधी अब मैं हूँ भी या नहीं, इसका फ़ैसला आप ही लोग कर सकते हैं। मेरे बचाव पक्ष का कोई वकील नहीं है...आप ही लोग हैं।

(बैठ जाता है। दो-तीन लोग एक औरत और एक लड़का खड़े होते हैं। ये सब गवाह हैं।)

सब गवाह : *(एक साथ बोलते हैं)*—हम सब गवाह हैं...इस मुकदमे के भी और इस देश में जो कुछ हो रहा है उसके भी।...हम इतिहास बन जायेंगे। आने वाली पीढ़ियाँ हमारे बारे में पढ़कर हँसेंगी और रोयेंगी।

(सब बैठ जाते हैं।)

जज : मुकदमे की कार्यवाही शुरू की जाए!

वकील : *(नाटकीय ढंग से खड़ा होता है और भावुक ढंग से बोलता है)* मीलॉर्ड! ये आदमी जो अदालत के कठघरे में मासूम बना खड़ा है *(और नाटकीय होकर ऊँची आवाज़ में)* दरअसल एक खूँखार दरिन्दा है मीलॉर्ड। इन्सानियत के माथे पर कलंक है। मानवता के चेहरे पर दाग है। समाज के जिस्म पर नासूर है। इसने जो अपराध किये हैं वे किसी भी देश के कानून में क्षमा नहीं हो सकते। संसार का कोई भी देश इसके अपवित्र अस्तित्त्व को स्वीकार नहीं कर सकता मीलॉर्ड, कोई भी धर्म इसे जीने का अधिकार नहीं दे सकता मीलॉर्ड। संसार की कोई भी समाज व्यवस्था इसे तत्काल फाँसी के फन्दे पर लटका देना अपना पहला कर्तव्य मानेगी, किसी भी सभ्य समाज में इसे समाजद्रोही माना जायेगा मीलॉर्ड! *(ज़ोरदार भाषण देकर हाँफने लगता है। फिर जल्दी ही अपनी साँस दुरुस्त करके कहता है)* मीलॉर्ड! अब मुझे गवाह पेश करने की इज़ाज़त दी जाये।

जज : दी जाती है।

वकील : मीलॉर्ड...कहते हैं कि पत्नी पति के ऐब छिपाती है *(नाटकीय होकर)* अब अनुमान लगाइये मीलॉर्ड! इस आदमी *(मुज़रिम की ओर संकेत करके)* की पत्नी मेरा पहला गवाह है। *(चीखकर)* सोचिए मीलॉर्ड! इस आदमी के पाप कितने भयानक हैं कि स्वयं इसकी बहन और पत्नी इसके खिलाफ़ गवाही दे रही हैं। पत्नी ही नहीं मीलॉर्ड! इसके बच्चे, इसके भाई, रिश्तेदार, पड़ोसी, संगी-साथी, मोहल्ले-पड़ोस वाले—सब इसके खिलाफ़ गवाही दे रहे हैं। मैं चाहता हूँ मीलॉर्ड! यह केस एक उदाहरण बन जाये और इस जैसे पापियों का नामो-निशान धरती पर से समाप्त हो जाये।

जज : गवाह पेश किए जायें।

(पत्नी सामने आती है। रोआँसी आवाज़ में)

पत्नी : मेरा जीवन इसने बर्बाद कर दिया हुज़ूर...जीते जी मौत दे दी इसने मुझे...हुज़ूर, जब से शादी हुई है तब से मैं बिन पानी मछली जैसी तड़पती रही हूँ *(रोते हुए)* इसे कड़ी-से-कड़ी सज़ा दी जाये हुज़ूर।

(जोर-जोर से रोने लगती है)

वकील : *(रोआँसी और भावुक आवाज़ में)* आप देख रहे हैं मीलॉर्ड... इसका *(पत्नी की ओर से संकेत करके)* दिल इतना दुखा हुआ है कि ये उन यातनाओं को याद भी नहीं करना चाहती जो उसे दी गयी हैं। *(तत्काल सामान्य होकर)* अगला गवाह मुज़रिम का बेटा है...चौंकिए नहीं मीलॉर्ड *(ठहरकर)* अगला गवाह मुज़रिम का बेटा है...इसका अपना खून।

(लड़का गवाहों की जगह खड़ा होता है)

लड़का : मीलॉर्ड! मैं तो परमेश्वर से यही माँगता हूँ कि जैसे मेरे पिता हैं वैसे मेरे दुश्मन के भी न हों। पाजी, ढोंगी, झूठा, फरेबी, मक्कार, लम्पट, कमीना, ज़लील, अत्याचारी, अन्यायी, चोर, डाकू, कातिल, हत्यारा, बलात्कारी—ये सब मेरे पिता से अच्छे होते हैं मीलॉर्ड...सब अच्छे होते हैं मीलॉर्ड!

(हट जाता है)

वकील : बस बेटे, बस...मीलॉर्ड अच्छी तरह समझ गये कि तुम क्या कहना चाहते हो...अब दूसरा गवाह पेश है मीलॉर्ड!

आदमी–1 : मैं मुलज़िम का भाई हूँ...सरकार...इसे कड़ी-से-कड़ी सज़ा मिलनी चाहिए...हमें कभी लगा ही नहीं कि यह हमारा भाई है...

आदमी–2 : मैं इसका पड़ोसी हूँ मीलॉर्ड...इसके जैसा घटिया पड़ोसी मैंने अपने जीवन में नहीं देखा।

आदमी–3 : मैं इसके साथ ऑफ़िस में काम करता हूँ। भगवान ही बचाये इससे। इसके साथ रहने से तो अच्छा है आदमी साँप के साथ रह ले।

आदमी–4 : अजी शेर की माँद में चला जाये।

आदमी–2 : अजी कुएँ में कूद जाये।

वकील : अब मैं अपने अन्तिम और चश्मदीद गवाह सब- इंस्पेक्टर श्री सुखीराम को पेश करता हूँ।

(सब-इंस्पेक्टर आकर जज को सैलूट करता है)

वकील : आप सब-इंस्पेक्टर सुखीराम हैं?

सुखीराम : यस सर!

वकील : आप चौदह अगस्त की रात बारह बजे कहाँ थे?

सुखीराम : जी मैं ड्यूटी पर था। रोजनामचे में गश्त दर्ज़ करके मैं अपने इलाके की गश्त पर निकल गया था।

वकील : गश्त करते हुए जब आप मुलज़िम के मोहल्ले के पास से गुज़रे तो आपने क्या देखा?

सुखीराम : सर, मैंने देखा कि गली के मोड़ पर मुलज़िम मुरलीधर को एक आदमी नोटों की गड्डी देने की कोशिश कर रहा था। मुलज़िम मुरलीधर नोटों की गड्डी लेने से इनकार कर रहा था। इस बात पर दोनों में लड़ाई-झगड़ा हो रहा था।

वकील : फिर क्या हुआ?

सुखीराम : हुजूर, मैं मामले की तहकीकात करने पास गया और पूछा

कि क्या मामला है तो पता चला कि वह आदमी मुलज़िम मुरलीधर को रिश्वत देने की कोशिश कर रहा था और मुलज़िम मुरलीधर रिश्वत लेने से इनकार कर रहा था। मेरे पूछने पर मुरलीधर ने स्वीकार किया कि वह रिश्वत लेने से इनकार कर रहा है। तब मैंने तुरन्त मुरलीधर को रंगे हाथों गिरफ़्तार कर लिया।

वकील : थैंक यू सब-इंस्पेक्टर सुखीराम, अब आप जा सकते हैं। *(जज की तरफ़ मुड़कर)* मीलॉर्ड! केस आइने की तरह साफ़ है। *(ठहर-ठहरकर)* मुरलीधर ने रिश्वत लेने से इनकार किया है।

पत्नी : *(रोते हुए)* हुजूर! ये कोई नयी बात नहीं है। इन्होंने तो कभी रिश्वत ही नहीं ली।

वकील : इसका मतलब है मीलॉर्ड कि मुरलीधर आदी मुज़रिम है। कानून की गिरफ़्त में पहली बार आया है।

आदमी–3 : अजी दफ़्तर में ये लोगों के काम बिना घूस लिए कर दिया करता था। बताइए भला, कैसी अंधेरगर्दी मचा रखी थी इसने।

लड़का : इनकी इसी आदत के कारण मैं न तो अच्छे स्कूल में पढ़ सका और न कैरियर ही बना सका। मेरी तो पूरी ज़िन्दगी खराब कर दी पिताजी ने।

आदमी–4 : अजी कभी साल-छः महीने में इसके घर जाओ तब भी कभी एक प्याली चाय को नहीं पूछता था।

आदमी–2 : हुजूर, न कभी कीर्तन कराये। न अखंड पाठ कराये, न तो कोई त्योहार ठीक से मनाये, न रामलीला का चंदा दे...ऐसे आदमी को क्या कहेंगे हुजूर।

आदमी–3 : हुजूर, नाम तो इसका मुरलीधर है। पर मुरली कभी न बजाता था।

(सब हँसते हैं)

जज : मुलज़िम मुरलीधर, तुमको अपनी सफ़ाई में कुछ कहना है?

मुरलीधर : सरकार, मैं सिर्फ़ ये कहना चाहता हूँ कि रिश्वत न लेना जुर्म नहीं है।

वकील : *(ज़ोर का ठहाका लगाकर)* हद हो गयी मीलॉर्ड! ऐसा हठी और बेधरम आदमी तो मैंने अपनी ज़िन्दगी में नहीं देखा, ये तो वही हुआ उल्टा चोर कोतवाल को डाँटे...डंके की चोट पर ये कहना कि 'रिश्वत न लेना जुर्म नहीं है' कुछ इसी तरह हुआ जैसे कोई ये कहे कि 'सती प्रथा जुर्म नहीं है।' *(मुरलीधर से)* तुम किस दशक में रह रहे हो मुरलीधर? क्या उस समय की बात कर रहे हो जब हम गुलाम थे? क्या उस समय की बात कर रहे हो जब हमारे कन्धों पर विदेशी दासता का जुआ कसा हुआ था? क्या उस जमाने की बात कर रहे हो जब देश गुलाम था? अब आज़ादी मिल चुकी है और नये-नये कानून बने हैं। पुराने बदले गये हैं...कानून की बात अगर छोड़ भी दो मुरलीधर और सामान्य-ज्ञान से काम लो, तो क्या यह मोटी-सी बात तुम्हारी समझ में नहीं आती कि जो रिश्वत न लेगा वह आजकल के ज़माने में कैसे सुखी रह सकता है? तो क्या हमारी सरकार और पवित्र संविधान हमें सुखी नहीं रखना चाहते? *(नाटकीय ढंग से)* खुद सोचो, बिना घूस लिए समाज में रह सकते हो? किराये के मकान में रह पाओगे? दोस्ती रिश्तेदारी निभा सकते हो? धरम-करम कर सकते हो? बच्चों को अच्छी शिक्षा दिला सकते हो? अपने ऊपर और नीचे वालों को खुश रख सकते हो? परिवार का पालन-पोषण कर सकते हो? बहनों की शादी-ब्याह और माता-पिता की दवा-इलाज़ करा सकते हो? नहीं, नहीं, नहीं...मुरलीधर, अगर तुम एक इज़्ज़तदार आदमी हो, तुम्हारे अन्दर आत्मसम्मान है, तुम समाज में सिर उठाकर चलना चाहते हो, तुम शरीर पर ढंग के कपड़े और पेट में रोटी का एक टुकड़ा डालना चाहते हो, तो तुम्हें यह मानना ही पड़ेगा कि रिश्वत न लेना जुर्म है। *(जज से स्वर बदलकर)* मीलॉर्ड! ऐसे लोग हमारे समाज और संस्कृति के लिए सबसे बड़ा खतरा हैं...मैं मीलॉर्ड से अनुरोध करूँगा कि मुलज़िम मुरलीधर को

कड़ी-से-कड़ी सज़ा दी जाये। ताकि वे बदनसीब जो रिश्वत लेने को जुर्म समझते हैं, अपनी आँखें खोलें और देखें कि हम इक्कीसवीं शताब्दी में खड़े हैं।

जज : *(पढ़कर सुनाने वाले ढंग में)* मुलज़िम मुरलीधर, पूरे मुकदमे को सुनने के बाद अदालत इस नतीज़े पर पहुँचती है कि तुम अपराधी हो।

(सब तालियाँ बजाते हैं।)

जज : और अदालत फ़ैसला देती है कि तुम्हें उस वक्त तक पत्थर मारे जाते रहें जब तक कि तुम मर न जाओ।

(तालियाँ, जज उठ जाता है)

वकील : पत्थर उठाओ दोस्तों...पर सबसे पहला पत्थर मुलज़िम की पत्नी मारेगी।

(पत्नी सामने आती है। पत्थर उठाने का अभिनय करती है।)

पत्नी : बच्चों की फीस *(पत्थर फेंकती है और दूसरा पत्थर उठाने का अभिनय करती है)* मकान का किराया।

(झुककर फिर पत्थर उठाती है और मारती है) राशनवाले का उधार।

(मुरलीधर पत्थर फेंके जाने पर चोट लगने और बचने का अभिनय करता है, चीख़ता-चिल्लाता भी है)

(मुरलीधर का लड़का सामने आता है। उसी प्रकार पत्थर उठाने और मारने का अभिनय करता है।)

लड़का : *(पत्थर मारते हुए)* डी.डी.ए. का फ्लैट *(पुनः पत्थर उठाकर मारते हुए)* मारुती कार *(पुनः पत्थर मारते हुए)* पब्लिक स्कूल का खर्चा।

(मुरलीधर पत्थर से बचने का अभिनय करता है)

(सब गवाह एक साथ पत्थरों की बौछार कर देते हैं।)

आदमी–1 : पुश्तैनी मकान गिरा जा रहा है। *(दूसरा पत्थर)* बहन की शादी में बीस हज़ार लगेगा।

आदमी–2 : एक प्याली चाय। *(दूसरा पत्थर)* हिस्की की एक बोतल...

आदमी–3 : *(पत्थर मारते हुए)* साहब की टैक्सी का भाड़ा...
(पुनः पत्थर मारते हुए) दफ़्तर की चाय...

आदमी–4 : *(पत्थर मारते हुए)* शादी का उपहार...
(मुरलीधर पत्थर खाते-खाते लगभग अधमरा हो जाने का अभिनय करता है)

आदमी–2 : *(पत्थर मारते हुए)* इज़्ज़त से जीना सीखो...
(इस पत्थर के लगते ही मुरलीधर गिर जाता है)
(मुरलीधर को छोड़कर सभी अभिनेता लाइन में खड़े हो जाते हैं।)
(नाटक के बाद भ्रष्टाचार और घूसखोरी के मुद्दे पर अभिनेताओं और दर्शकों के बीच बातचीत प्रारम्भ होती है। इसका उद्देश्य भ्रष्टाचार के कारणों को जानना और समझना है। यह भी इस बातचीत में सामने आयेगा कि भ्रष्टाचार का ज़िम्मेदार व्यक्ति होता है या सामाजिक परिस्थितियाँ होती हैं? सामाजिक विषमताएँ और वर्गों में बँटे समाज में सामाजिक बुराइयों के साथ-साथ भ्रष्टाचार से कैसे लड़ा जा सकता है? भ्रष्टाचार समाज की एक भयानक बुराई है जिसको समाप्त करना बहुत आवश्यक है। इस बातचीत में विषय से जुड़े अन्य मुद्दों पर भी चर्चा हो सकती है।)

पूरा प्यार

<u>पात्र</u>

पिता

माँ

राजेश

सुरेश

मुकेश

राधा

सरला

प्यारे

दुलारे

चुन्नू

मुन्नू

मैनेजर

दृश्य—1

(एक छोटे से कमरे में दाहिनी तरफ़ एक पलँग पड़ा है जिस पर एक 20-22 साल का लड़का सुरेश लेटा है। उसके ही पास मुन्नू और चुन्नू भी लेटे हैं। मुन्नू की उम्र छः साल और चुन्नू आठ साल का है। पलँग के पास ज़मीन पर बैठे दुलारे, उम्र दस साल और प्यारे, उम्र 12 साल कुछ खेल रहे हैं उसी के पास बैठी माँ स्टोव पर कुछ पका रही है, राधा, उम्र 18

साल उसकी मदद कर रही है। सरला, उम्र 16 साल बर्तन धो रही है। एक कोने में राजेश, उम्र 20 साल बैठा कुछ पढ़ रहा है।)

दुलारे : देख, तू बेईमानी कर रहा है...चल, रख दे गोटी इधर, नहीं तो उठा के पटकता हूँ तुझे...

प्यारे : चल हट, नहीं रखूँगा गोटी...

(चुन्नू-मुन्नू के सब बाल पकड़कर खींचता है, मुन्नू ज़ोर से रोता है।)

प्यारे : देख माँ, ये बाल खींचता है।

माँ : चलो, दोनों बाहर निकलो...सबके सब घर में घुसे बैठे रहते हो...घर में साँस तो लेने की जगह है नहीं।

(सुरेश लेटे-लेटे खाँसने लगता है और माँ से कहता है।)

सुरेश : मेरी दवा ले आई माँ?

माँ : दवा कहाँ से लाऊँगी...पैसे ही कहाँ हैं।

सुरेश : अच्छा, तो कुछ खाने को दे दो...बड़ी भूख लगी है।

(चुन्नू भी उठकर बैठ जाता है।)

चुन्नू : माँ, मुझे भी खाना चाहिए।

माँ : (जलकर) मुझी को खा लो तुम लोग।

राजेश : शोर न मचाओ, पढ़ने दो, कल मेरा टेस्ट है।

माँ : तो जा, गली में बैठकर पढ़ ले।

राजेश : गली में कम शोर होता है क्या?

(दरवाज़ा खट-खटाने की आवाज़)

राजेश : कौन आया है?

माँ : राशनवाला होगा...कल पैसों का तकाज़ा कर रहा था ...देख ले।

राजेश : तब तो मैं नहीं जाऊँगा।

माँ : कह देना, बाबू घर में नहीं है।

(राजेश उठकर दरवाज़े पर आता है वहाँ मुकेश खड़ा है।)

राजेश : अरे मुकेश, तुम...

मुकेश : हाँ यार, इधर से निकलकर जा रहा था तो सोचा तुमसे

नोट्स ले लूँ...कल टेस्ट है न...

राजेश : हाँ-हाँ, कल टेस्ट है...रुको, मैं नोट्स देता हूँ।

(अन्दर जाने को होता है)

मुकेश : अरे यार, एक कप चाय भी पिलाओगे?

राजेश : *(सकुचाकर)* आओ...आओ...अन्दर आओ...

(दोनों अन्दर आते हैं। मुकेश पूरा कमरा देखता है।)

राजेश : माँ, मेरा दोस्त आया है...दो कप चाय बना दे।

दुलारे और प्यारे : *(एक साथ)* मैं भी चाय पियूँगा।

चुन्नू : माँ, मुझे भी चाय चाहिए।

माँ : चुप रहो... *(मुकेश से)* बैठो, मैं चाय बनाती हूँ, आओ।

राजेश : आओ, बाहर बैठते हैं...

(राजेश दरी का एक टुकड़ा उठा लेता है और दोनों दरवाज़े के बाहर दरी पर बैठ जाते हैं।)

मुकेश : ये सब तुम्हारे भाई-बहन हैं?

राजेश : हाँ।

मुकेश : यार, तुम्हारे पिताजी ने भी कमाल किया हुआ है।

राजेश : बस, अब क्या बताऊँ...एक भाई को टी.बी. है उसका इलाज नहीं हो रहा...दो भाई स्कूल ही नहीं जाते...किताबें नहीं हैं...बहनें बिचारियाँ तो पढ़ ही नहीं सकीं...माँ की हालत तुम देख ही रहे हो...

मुकेश : तुम्हारे फादर क्या करते हैं?

राजेश : एक प्राइवेट कम्पनी में कैशियर हैं।

मुकेश : पैसे तो ठीक-ठीक मिल जाते होंगे?

माँ की आवाज़ : चाय ले जाओ, राजेश।

राजेश : आया माँ...

(राजेश चला जाता है। मुकेश बैठा रहता है राजेश चाय लेकर आ जाता है।)

राजेश : लो, चाय पिओ।

मुकेश : यार, तुम इस बारे में कभी अपने फादर से बात नहीं करते?

राजेश : मैं तो नहीं, हाँ, माँ उनसे जब भी कहती है, वे जवाब
देते हैं कि यह सब भगवान की देन हैं...

मुकेश : *(आश्चर्य से)* भगवान की देन? क्या मतलब?

राजेश : यार, उन्हें कोई समझा नहीं सकता...पुराने विचारों के
आदमी हैं।

मुकेश : भई इसमें पुराना-नया क्या?

राजेश : लो, पिताजी आ गये...
(पिता जी आते हैं।)

राजेश : पिता जी, ये मेरा दोस्त है मुकेश..मेरे साथ पढ़ता है...
(मुकेश उन्हें नमस्ते करता है।)

पिता : कहाँ रहते हो बेटा...

मुकेश : जी, यहाँ से दूर है...माल रोड के आगे...बैठिए अंकल जी...
(पिता उन लोगों के साथ बैठ जाते हैं।)

पिता : तुम्हारे कितने भाई-बहन हैं बेटा?

मुकेश : जी मैं हूँ और मेरी एक छोटी बहन है।

पिता : *(आश्चर्य से)* बस!

मुकेश : जी हाँ, छोटा परिवार है।

पिता : नहीं-नहीं-नहीं...मैं छोटे परिवार पर विश्वास नहीं करता
...भई बच्चे तो भगवान की देन हैं...भगवान की देन को
ठुकराना नहीं चाहिए।

मुकेश : अंकल जी, भगवान की देन हद से ज़्यादा हो जाएगी तो
अपने आप ठोकरें खायेगी...आप चाहे उसे ठुकरायें या
न ठुकरायें।

पिता : क्या मतलब है तुम्हारा?

मुकेश : मतलब ये कि ज़्यादा बच्चों को पालना-पोसना, पढ़ाना-
लिखाना, दवा-इलाज़ कराना कितना मुश्किल...।

पिता : ठहरो...ठहरो...देखो! भगवान जिसको जन्म देता है उसका
भाग्य तय कर देता है...हम तुम क्या कर सकते हैं...जिसके
भाग्य में जो लिखा है, वह उसे मिलता है।

मुकेश : ऐसा नहीं है अंकल जी...अगर कोई आदमी बीमार है, उसका इलाज़ नहीं करवाया जाता और वह मर जाता है तो क्या हम यह कहेंगे कि उसके भाग्य में मर जाना ही लिखा था?

पिता : पर इलाज़ कराने पर भी तो आदमी मर जाते हैं।

मुकेश : और इलाज़ कराने से बच भी तो जाते हैं।

पिता : देखो भाई, मैं तो सौ की सीधी जानता हूँ। बच्चे ज़्यादा होंगे तो बड़े होकर माँ-बाप की सेवा करेंगे...उनका ध्यान रखेंगे—बुढ़ापा अच्छा कटेगा।

मुकेश : अंकल जी, माँ-बाप का ध्यान वही लड़के रख सकते हैं जो पढ़े-लिखे हों, कमाते-खाते हों, सेहतमंद हों...और अगर लड़के अनपढ़, अशिक्षित हुए, गरीब हुए, बीमार हुए तो वे माँ-बाप का क्या ध्यान रखेंगे?

पिता : तो मैं ये कहाँ कह रहा हूँ कि लड़के अनपढ़ और गरीब हों।

मुकेश : होंगे अंकल, अगर उनका पूरा ध्यान न रखा गया...अगर बच्चे ज़्यादा हुए तो आप उनका ध्यान नहीं रख पायेंगे।

पिता : तुम्हारा कहने का मतलब है कि जिनके कम बच्चे होते हैं, वही अपने बच्चों का ध्यान रख पाते हैं? ये बात तो गलत है। मेरे पड़ोसी रामदीन बाबू के दो लड़के हैं; लेकिन दोनों आवारा हैं...नहीं-नहीं बेटा...मैं तुम्हारी बात नहीं मानता...अच्छा। मैं चलता हूँ...तुम लोग बैठो।

(पिता निकल जाता है।)

राजेश : देखा तुमने...

मुकेश : यार, ये बात मेरी समझ में बिलकुल नहीं आती कि कोई कैसे ये समझता है कि ज़्यादा बच्चे होना कोई अच्छी या फ़ायदे की बात है।

राजेश : तुम देख लो...हमारे पिता जी ही ऐसा समझते हैं।

मुकेश : तुम्हारे पिता जी को समझाया जा सकता है।

राजेश : *(नामुमकिन)*...ऐसा हो ही नहीं सकता।

मुकेश : यार, दुनिया में सब कुछ हो सकता है–

राजेश : अगर तुम पिता जी को समझा दो, तो मैं बड़ी से बड़ी शर्त हारने के लिए तैयार हूँ।

मुकेश : *(सोचते हुए)* यार, सोचना पड़ेगा– *(खुश होकर)* हाँ, एक तरकीब है...बन गया काम।

राजेश : क्या?

मुकेश : ऐसे नहीं यार, कान इधर लाओ।

(मुकेश राजेश के कान में कुछ कहता है।)

राजेश : हाँ, ये तरकीब पक्की है।

मुकेश : तो मिलाओ हाथ।

दृश्य–2

(राजेश के घर में उसकी माँ और बाप नहीं हैं। सुरेश बिस्तर पर लेटा खाँस रहा है। चुन्नू और मुन्नू गेंद खेल रहे हैं, प्यारे और दुलारे गोली खेल रहे हैं, राधा और सरला कुछ सी रही हैं, उसी समय मैनेजर आता है।)

मैनेजर : जगदीश बाबू कैशियर यहीं रहते हैं?

सुरेश : हाँ जी, यहीं रहते हैं।

मैनेजर : बच्चो, ज़रा दो मिनट मेरी बात सुनो।

सुरेश : क्या बात है?

मैनेजर : तुम्हारे फ़ायदे की बात है।...सबके फ़ायदे की बात है।

प्यारे : तब तो अंकल जी, जल्दी बता दो।

दुलारे : क्या पिताजी की लॉटरी निकल आई है?

मैनेजर : पिताजी की तो नहीं, तुम लोगों की लॉटरी ज़रूर निकल आई।

दुलारे : हम लोगों की लॉटरी...लेकिन हमने तो लॉटरी का टिकट ही नहीं खरीदा था।

मैनेजर : पहले मुझे अपनी कार्यवाही कर लेने दो, तब पता चलेगा

कि मैं झूठ बोल रहा हूँ कि सच।

सुरेश : क्या कार्यवाही है?

मैनेजर : तुम लोग एक-एक करके अपने नाम, उम्र और किस कक्षा में पढ़ते हो, बताते जाओ...चलो तुम बताओ।

सुरेश : नाम सुरेश, उम्र 15 साल, मैं आठवीं में था कि बीमार पड़ गया।

(मैनेजर रजिस्टर पर लिखता जाता है।)

मैनेजर : और बेटा, तुम्हारा नाम?

दुलारे : मेरा नाम दुलारे है, उम्र दस साल है। मैं चौथी में जाता था। इस साल नहीं गया।

मैनेजर : क्यों?

दुलारे : किताबें ही नहीं हैं।

मैनेजर : सब हो जायेगा...सब हो जायेगा...फिक्र न करो...

सुरेश : कैसे हो जायेगा?

मैनेजर : तुम्हारा भी इन्तज़ाम हो जायेगा...अच्छा इलाज़ किया जायेगा...जब ठीक हो जाओगे तो स्कूल में दाख़िला हो जायेगा।

सुरेश : अच्छा? लेकिन ये सब होगा कैसे?

मैनेजर : सब हो जायेगा...बस मुझे अपना काम पूरा कर लेने दो, बेटा तुम बताओ।

प्यारे : मेरा नाम प्यारे है, उम्र आठ साल...स्कूल नहीं जाता...पर जाना चाहता हूँ।

(पिता का प्रवेश। पिता मैनेजर को देखता है जो रजिस्टर में कुछ लिख रहा है।)

पिता : आप कौन हैं?

मैनेजर : मेरा नाम धर्मदास है।

पिता : मैं पूछ रहा हूँ आप घर में घुस कैसे आये हैं और ये सब क्या कर रहे हैं?

मैनेजर : मैं इन बच्चों के बारे में पूछताछ कर रहा हूँ।

पिता : पूछताछ...कैसी पूछताछ?

मैनेजर : इनकी उम्र कितनी है, किस कक्षा में पढ़ते हैं।

पिता : अजी आप ये सब कुछ कर क्यों रहे हैं? आप आये कहाँ से हैं?

मैनेजर : मैं अनाथालय से आया हूँ।

पिता : *(आश्चर्य से)* अनाथालय से...

मैनेजर : जी हाँ, इसमें आश्चर्य की क्या बात है?

पिता : यहाँ क्यों आये हैं?

मैनेजर : इन बच्चों को अनाथालय ले जाने आया हूँ।

पिता : *(बिगड़कर)* दिमाग तो खराब नहीं है आपका...आप मेरे बच्चों को अनाथ समझते हैं।

(माँ का प्रवेश। वह आश्चर्य से देखती है। ये सब क्या हो रहा है?)

मैनेजर : देखिये, आप बिना कुछ किये—धरे इन बच्चों के बाप नहीं बन सकते।

पिता : *(चीख़कर)* क्या बक रहे हो तुम...मैं बाप बन नहीं सकता...अरे मैं इनका बाप हूँ...ये मेरे बेटे हैं।

मैनेजर : ये भी आपने खूब ही कही।

पिता : देखो जी, मैं तुम्हारा सिर फोड़ दूँगा...निकल जाओ यहाँ से।

मैनेजर : यहाँ से तो मैं बच्चों को लेकर ही निकलूँगा।

पिता : *(गुस्से में)* मुझे इतना गुस्सा आ रहा है कि कहीं मैं तुम्हारा खून न कर दूँ।

मैनेजर : इन बच्चों का तो तुमने खून कर दिया है। ज़रा इनकी हालत देखो...इसको टी.बी. है और तुम इलाज़ नहीं करा रहे...इसे काली खाँसी है...और ये दो स्कूल नहीं जा सकते क्योंकि फीस के पैसे नहीं हैं...लड़कियों बेचारियों को तो तुमने बकरियाँ बना डाला है...

पिता : *(चीख़कर)* निकल जाओ यहाँ से...निकल जाओ... निकलो।

मैनेजर : क्यों हकीकत कड़वी लगती है ना?

पिता : मैं अभी पुलिस बुलाकर लाता हूँ।

मैनेजर : पुलिस भी तुम्हीं को गिरफ़्तार करेगी...क्योंकि अपराधी तो तुम हो...तुमने बच्चों के साथ अन्याय किया है।

पिता : *(उसे धक्का देता हुआ)* जाओ, निकलो यहाँ से... जाओ।

मैनेजर : देखो, मैं कह चुका हूँ कि मैं बच्चों को साथ ले जाऊँगा।

पिता : ये बच्चे मेरे हैं...ये कहीं नहीं जाएँगे।

मैनेजर : ये बच्चे तुम्हारे नहीं हैं, ये मेरे साथ जायेंगे। ज़रा इनसे भी तो पूछकर देखो, ये तुम्हारे साथ रहना चाहते हैं या अनाथालय में...*(बच्चों से)* बच्चो, तुम मेरे साथ चलो, तुम्हारा इलाज़ हो जायेगा। तुम्हें अच्छे कपड़े मिलेंगे—अच्छा खाना मिलेगा...साफ़-सुथरे हवादार कमरों में रहोगे, खेल का बड़ा-सा मैदान है वहाँ...बोलो, चलोगे मेरे साथ?

पिता : कोई नहीं जायेगा तुम्हारे साथ।

मैनेजर : आप मत बोलो...इनको बोलने दो।

सुरेश : मेरा वहाँ इलाज़ हो जायेगा?

मैनेजर : बिलकुल हो जायेगा।

सुरेश : मैं ठीक हो जाऊँगा?

मैनेजर : हाँ-हाँ, बिलकुल ठीक हो जाओगे।

दुलारे : मेरा नाम स्कूल में लिख जायेगा?

मैनेजर : हाँ-हाँ, क्यों नहीं?

सुरेश : मैं तुम्हारे साथ चलूँगा...यहाँ तो मेरा इलाज़ ही नहीं हो रहा।

पिता : *(चिल्लाकर)* सुरेश, तू क्या कर रहा है? मैं तेरा पिता हूँ, तुझे जन्म दिया है।

मैनेजर : प्यारे भाई! बच्चों को केवल जन्म देने से ही कोई माँ-बाप नहीं बन जाता...*(दूसरे बच्चों से)* तुम लोग भी चलोगे बच्चों।

मुन्नू : हाँ, मैं चलूँगा...

मैनेजर : तो, जो-जो मेरे साथ चलना चाहता है वो इधर आ जाये।
(सुरेश, मुन्नू और चुन्नू, प्यारे और उसके बाद दुलारे मैनेजर
के पास आ जाते हैं। पिता आँखें फाड़े यह सब देखता
रहता है।)

मैनेजर : लड़कियों, तुम भी वहाँ चल सकती हो...वहाँ लड़कियों
के रहने का अलग इन्तज़ाम...

पिता : मैं तुम्हारी जान ले लूँगा, अगर मेरी लड़कियों की तरफ़
उँगली भी उठाई।

राधा : क्या हम भी वहाँ पढ़ सकते हैं?

मैनेजर : हाँ-हाँ, क्यों नहीं?

सरला : वहाँ हमें काम भी मिल सकता है?

मैनेजर : बिलकुल, सिलाई-कढ़ाई का काम करके तुम अच्छा पैसा
कमा सकती हो...चलो मेरे साथ...
(लड़कियाँ भी मैनेजर के पास आ जाती हैं। पिता झपटकर
लड़कियों का हाथ पकड़ लेता है और उन्हें घसीटता है)

मैनेजर : देखो जगदीश बाबू, ज़बर्दस्ती न करो...
(मुकेश और राजेश का प्रवेश)

राजेश : क्या बात है पिता जी?

पिता : राजेश, देखो यह आदमी तुम्हारे भाई-बहनों को अनाथालय
ले जा रहा है...रोको इसे।

राजेश : रोकूँ कैसे...मैंने ही तो इस आदमी को यहाँ भेजा है।

पिता : तुमने।

राजेश : हाँ, मैंने।

पिता : तुम पूत नहीं कपूत हो।

राजेश : पिता जी, अगर आपने हम सबको ठीक से पाला-पोसा
होता, पढ़ाया-लिखाया होता, तो हम पूत ही होते, कपूत
नहीं।

मुकेश : ऐसा हो कैसे सकता है...आठ बच्चों को कोई कैसे पढ़ा-लिखा
सकता है, कैसे उनका ध्यान रख सकता है।

राजेश : राधा और सरला, तुम दोनों भी चलो अनाथालय...

(लड़कियाँ पिता से हाथ छुड़ाकर मैनेजर के पास आ जाती हैं।)

माँ : *(मैनेजर से)* जब मेरे सब बच्चे ही वहाँ जा रहे हैं तो मैं यहाँ रहकर क्या करूँगी—मुझे भी ले चलो।

मैनेजर : हाँ, हाँ, आप भी चलो।

माँ : मैं कुछ काम कर दिया करूँगी, मुझे रोटी-कपड़ा दे दिया करना।

मुकेश : माता जी, रोटी-कपड़ा ही नहीं, वहाँ आप अच्छी तरह रह सकती हैं।

मैनेजर : आओ, तो चलें...

(सब लोग मैनेजर के साथ बाहर निकल जाते हैं। पिता अकेला खड़ा रह जाता है।)

पिता : *(स्वगत कथन)* मैं तो ये समझ रहा था कि मेरे इतने बच्चे हैं, सब बुढ़ापे में मेरी सेवा करेंगे...पर क्यों चले गये वे सब...क्यों उन्होंने मुझे छोड़ दिया...क्यों...क्यों? इसलिए कि मैं उनके लिए कुछ कर नहीं सका...न उन्हें पढ़ा-लिखा सका...न कपड़े दे सका...न मकान और न अच्छा भोजन...एक ही दो बच्चे होते तो उन्हें मैं सब कुछ दे सकता था...हाँ, सब कुछ दे सकता था...मैं उन्हें पूरा प्यार देता तो वे भी मुझे पूरा प्यार देते...अब क्या हो सकता है...*(अपना सिर पकड़ लेता है)।*

(उसी समय सब बच्चे, मैनेजर, पत्नी तथा मुकेश मंच पर आ जाते हैं।)

पिता : अरे! तुम लोग...

मैनेजर : जगदीश भाई, ये जो अभी हुआ केवल एक नाटक था।

पिता : नाटक?

मैनेजर : हाँ, हमने ये नाटक किया था।

पिता : पर क्यों?

मुकेश : आपको समझाने के लिए, अगर कम बच्चे हों तो आप बच्चों को और बच्चे आपको पूरा प्यार दे सकते हैं, अच्छी शिक्षा दे सकते हैं।

पिता : हाँ, ये तुम ठीक कहते हो...मुझसे तो जीवन में इतनी बड़ी गलती हुई है कि मैं अब उसे सुधार ही नहीं सकता, बस इतना ही कह सकता हूँ कि जो गलती मुझसे हुई है, तुम लोग कभी न करना और आप जितने लोग ये नाटक देख रहे हैं, इसे नाटक न समझें। ये हकीकत है कि अगर आपसे ऐसी गलती हुई, मतलब मेरी तरह अनगिनत बच्चे पैदा किए तो बर्बाद हो जायेंगे—आप भी और बच्चे भी।

देखो, वोट बटोरे अन्धा

पात्र

ब्रजलाल सिरमू

गीता सिरमू

रागनी सिरमू

कालू सिरमू

लाला सिरमू

प्रधान सिरमू

सेवक सिरमू

दृश्य-1

[**मंच-स्थल**–किसी भी खुली जगह या मंच पर नाटक प्रस्तुत कर सकते हैं। दृश्यों में नाटक को विभाजित नहीं किया गया है। मंच-स्थल पर होने वाली गतिविधियाँ ही दृश्य को स्थापित कर देंगी।
भाषा–क्षेत्र के अनुसार बदली जा सकती है।]

(कालू सिरमू और लाला सिरमू का प्रवेश। इधर-उधर देखते हैं।)

(गाना गाते हैं)

जाति ही पूछो, जाति ही पूछो

जाति ही पूछो, जाति ही पूछो।

कुछ मत देखो, जाति ही देखो

कुछ मत मानो, जाति ही मानो
कुछ मत समझो, जाति ही समझो
कुछ मत जानो, जाति ही जानो।
जाति ही पूछो, जाति ही पूछो
जाति ही पूछो, जाति ही पूछो।
काला न देखो, पीला न देखो
सीधा न देखो, उल्टा न देखो
खाई न देखो, कुआँ न देखो
जाति न देखो, जाति न देखो।
जाति ही पूछो, जाति ही पूछो
जाति ही पूछो, जाति ही पूछो।
शिक्षा न देखो, काम न देखो
नगर न देखो, गाँव न देखो
पुण्य न देखो, पाप न देखो
न्याय न देखो, अन्याय न देखो।
जाति ही पूछो, जाति ही पूछो
जाति ही पूछो, जाति ही पूछो।
(गाना समाप्त होता है।)

सेवक सिरमू : ओ... कौन है तुम लोग...बतावो...घुसे चले आ रहे हैं...अरे एम.पी. की कोठी है...अभी पुलिस में एक फ़ोन लगा देंगे तो जीवनभर चक्की पीसोगे।

कालू सिरमू : अरे, यह श्री ब्रजलाल सिरमू की कोठी है न?

सेवक सिरमू : अरे, बाहर गेट पर सूरज जैसा नाम चमक रहा है, पढ़ा नहीं?

कालू सिरमू : पढ़े होते तो पूछते क्यों?

सेवक सिरमू : इसी से *(लाला सिरमू की ओर संकेत कर)* पढ़वा लेते...कौन है तुम्हारा?

कालू सिरमू : हमारा बेटा है, लाला सिरमू, पर पढ़ा नहीं है...हम कालू सिरमू हैं...ब्रजलाल सिरमू हमें अच्छी तरह जानते हैं।

सेवक सिरमू : *(व्यंग्य में)* अच्छी तरह जानते हैं।

कालू सिरमू : अरे, जात बिरादरी हैं-हम भी सिरमू हैं...वो भी सिरमू हैं..

सेवक सिरमू : मैं भी सिरमू हूँ।

कालू सिरमू : *(प्रसन्न होकर)* अपना जात बिरादरी *(कालू सिरमू सेवक सिरमू से गले मिलने के लिए आगे बढ़ता है। सेवक पीछे हट जाता है।)*

सेवक सिरमू : ठहर जा... कालू, ठहर जा... सुन, तुझे पता है देश में कितने सिरमू हैं?

कालू सिरमू : पूरे देश में?

सेवक सिरमू : हाँ-हाँ, पूरे देश में...

कालू सिरमू : होंगे सौ-पचास करोड़।

सेवक सिरमू : ठीक, अब बता...मैं यानी सेवक सिरमू सबसे गले मिलने लगूँ तो मेरा क्या हाल हो जायेगा? समझा...? अब जल्दी बता काम क्या है और यहाँ क्यों आया है?

कालू सिरमू : नेताजी से मिलना है...

सेवक सिरमू : नेताजी सो रहे हैं।

कालू सिरमू : सो रहे हैं? दिन का दस बजा है... चुनाव में तो हमारे गाँव छ: बजे सुबह पहुँच गये थे...

सेवक सिरमू : अरे मूरख, चुनाव का टैम...और बाद का टैम बराबर नहीं है...चुनाव के टैम में घड़ी घोड़े की तरह दौड़ती है...चुनाव के बाद घड़ी कछुए की तरह चलती है...समझा?

कालू सिरमू : सिरमू बाबू कब उठेंगे?

सेवक सिरमू : अब फिर वही जिहालत वाली बात...अरे, क्या नेताजी सोने से पहले किसी को बताकर सोते हैं कि कब उठेंगे...जब मन में आयेगा उठ जायेंगे...तुम जाओ...दस-पन्द्रह दिन बाद आना।

कालू सिरमू : दस-पन्द्रह दिन बाद उठेंगे?

सेवक सिरमू : अरे पागल...तब उनके पास समय होगा।

कालू सिरमू : भइया, दूर से आये हैं...बड़ा किराया लगा है...अब फिर से आना।

सेवक सिरमू : अब देख लो...बात यही है।

(दूर से आवाज़ आती है।)

ब्रजलाल सिरमू : अरे सेवक, कौन आया है किससे बात कर रहा है...ठेकेदार तो नहीं है...

कालू सिरमू : जात बिरादर है...कालू सिरमू...बनेला गाँव के...जात बिरादर है...थोड़ा मिलने आये हैं।

(ब्रजलाल सिरमू मंच-स्थल में आ जाता है।)

कालू सिरमू : पहचान गये साहब...गाँव बनेला...सिरमुओं का गाँव है...पूरा वोट आपको ही पड़ा था... पूरा...

ब्रजलाल सिरमू : *(अनमने मन से)* हाँ...हाँ, याद आ गया...कहो सब ठीक है न?

कालू सिरमू : सब ठीक है...ये हमारा लड़का है लाला सिरमू...पढ़ नहीं पाया...पर खेती-बाड़ी में समझदार है...घर में चार भैंस भी पाली हैं...पच्चीस बीघा की दो फसली ज़मीन है...ट्यूबवेल लगाया है...

ब्रजलाल सिरमू : तो ट्रैक्टर के लोन के लिए आये हो?

कालू सिरमू : नहीं...जी...ट्रैक्टर तो है ही...एक तलाब भी है, आपका सिंघाड़ा...

ब्रजलाल सिरमू : *(बात काटकर)* खाद-बीज का लोन लेना है?

कालू सिरमू : नहीं-नहीं... आपकी कृपा से सब है।

ब्रजलाल सिरमू : फिर क्या काम है तुम्हें...क्यों आये हो...

कालू सिरमू : हमारा बेटा...लाला सिरमू कैसा लगता है आपको?

ब्रजलाल सिरमू : कैसा लगता है? *(चौंककर)* क्या मतलब?

कालू सिरमू : इसमें कोई कमी तो नहीं लगती?

ब्रजलाल सिरमू : *(बिगड़कर)* साफ़-साफ़ कहो...कहना क्या चाहते हो?

कालू सिरमू : मैं अपने बेटे का रिश्ता, आपकी बेटी के साथ करने आया हूँ।

ब्रजलाल सिरमू : *(बहुत आश्चर्य से)* तुम अपने बेटे का रिश्ता मेरी बेटी रागनी सिरमू से करने आये हो?

कालू सिरमू : हाँ जी, बिलकुल। जाति की लड़की जाति में...
(ब्रजलाल सिरमू बेहोश होकर गिर पड़ता है।)

कालू सिरमू : अरे नेता जी, क्या हो गया?

सेवक सिरमू : क्या हो गया? बकवास करता है, ऐसी बात कर दी कि नेताजी बेहोश हो गये।

कालू सिरमू : क्या ग़लत बात कह दी? इसमें क्या बुराई है अगर मेरे बेटे लाला सिरमू का विवाह रागनी सिरमू के साथ हो जाये? हमारी जाति एक है।

सेवक सिरमू : *(गुस्से में)* अबे, तू क्या...बड़ी देर से जाति-जाति बके जा रहा है...तुझे कुछ अक्ल भी है?

कालू सिरमू : जाति की महत्ता तुम नहीं सेवक सिरमू...जाति की महत्ता तो ये *(ज़मीन पर पड़े ब्रजलाल सिरमू की ओर संकेत करते हुए)* समझते हैं...चुनाव में जब हमारे गाँव आये थे तो बोले थे— सबसे बड़ी चीज़ जाति ही है। एक जात, एक पाँत, बोले थे— कुछ मत देखो, केवल जाति देखो...अच्छा, बुरा, कुछ नहीं, बस अपनी जाति है, जाति ही...

सेवक सिरमू : *(बात काटकर)* रागनी सिरमू बड़ी ऊँची पढ़ाई करके विदेश से आयी हैं और तेरा लड़का ज़ाहिल है।

कालू सिरमू : उससे क्या होता है, जाति तो एक ही है।

सेवक सिरमू : रागनी बेटी हैं तो सिरमू, पर ब्रजलाल सिरमू, एम.पी. की बेटी हैं... करोड़ों की सम्पत्ति की मालकिन हैं।

कालू सिरमू : उससे क्या होता है, जाति तो एक ही है।

सेवक सिरमू : रागनी बेटी मैनेजिंग डायरेक्टर हैं।

कालू सिरमू : उससे क्या होता है, जाति तो एक ही है।

सेवक सिरमू : उन्हें डेढ़ लाख महीना पगार मिलती है।

कालू सिरमू : उससे क्या होता है, जाति तो एक ही है।
(मंच-स्थल पर रागनी सिरमू आ जाती है)

देखो, वोट बटोरे अन्धा • 115

रागनी सिरमू : ओ... ये डैड को क्या हो गया...सेवक!

सेवक सिरमू : बेबी... डैड को कालू ने बेहोश कर दिया...

रागनी सिरमू : ओ गॉड, कौन कालू...

कालू सिरमू : जी मैं, कालू सिरमू... मैं भी सिरमू जाति का हूँ... मेरा बेटा भी सिरमू है...आप भी सिरमू हो....आपके पिताजी भी...

रागनी सिरमू : व्हाट नॉन सेन्स....सेवक, ये क्या बक रहा है...डैड बेहोश कैसे हो गये...

सेवक सिरमू : बेबी, ये आदमी आपके डैड से बोला था कि अपने लड़के *(इशारा करके बताता है)* की शादी आपके साथ करना चाहता है।

रागनी सिरमू : ओ माई गॉड...इस लड़के के साथ मेरी शादी... *(रागनी सिरमू गिरकर बेहोश हो जाती है।)*

सेवक सिरमू : अरे पागल, क्या अपनी बातों से पूरे... परिवार को मार डालेगा...

गीता सिरमू : *(दूर से आवाज़ आती है)* सेवक.... ये क्या बात है? कौन चिल्ला रहा है...साहब कहाँ हैं? बेबी कहाँ गयी...

सेवक सिरमू : मैडम...साहब बेहोश हैं, बेबी बेहोश हो गयी हैं...*(गीता मंच-स्थल पर आ जाती है।)*

गीता सिरमू : अरे, ये कैसे बेहोश हो गये?

सेवक सिरमू : जी, ये आदमी है, कहता है मेरे लड़के से बेबी की शादी कर दो, यही सुनकर साहब और बेबी बेहोश हो गये हैं।

गीता सिरमू : पागल तो नहीं हो गया है?

कालू सिरमू : *(उत्तेजित होकर)* आज हमें आप सब पागल कह रहे हैं तो... जब वोट लेने गाँव आते थे तो कहते थे कि जाति से बड़ा कुछ ना है, जाति पर वोट डालो...जाति से बड़ा कुछ ना है। आज बोलते हैं बेबी पढ़ी-लिखी है। तो हमसे काहे को बोला था कि जाति सबसे बड़ी है...हमसे कहते कि जाति से बड़ी शिक्षा है, तो हम लाला को पढ़वा देते...

गीता सिरमू : चुप रहो...चुप... चिल्लाओ मत...तुम सिरमू हो....

कालू सिरमू : हाँ जी, हम भी सिरमू हैं...आप भी सिरमू हैं।

गीता सिरमू : मैं सिरमू नहीं हूँ...ब्रजलाल हैं सिरमू... मेरी जाति तो दूसरी है...इनसे शादी के बाद...

कालू सिरमू : तो आप सिरमू नहीं हो...

गीता सिरमू : नहीं... मैं मैथल जाति की हूँ।

कालू सिरमू : मैथल?

गीता सिरमू : हाँ, मैथल।

कालू सिरमू : तो हमसे तो ब्रजलाल सिरमू कहते रहे कि जाति पर वोट दो और आप मैथल स्त्री के साथ विवाह कर चुके हैं...

गीता सिरमू : वो सब छोड़ो...साहब और बेबी को होश में लाओ।

कालू सिरमू : हम क्या करें?

सेवक सिरमू : तुमने बेहोश किया है, तुम ही होश में लाओ।

कालू सिरमू : होश में कैसे लायें?

सेवक सिरमू : अरे, क्या कहा था कि साहब और बेबी बेहोश हो गये थे?

कालू सिरमू : कहा था—जाति-पाँत एक है, हमारी यही टेक है। रागनी, लाला एक है।

गीता सिरमू : तो अब इसका उल्टा बोलने का है।

(कालू सिरमू और लाला सिरमू आते हैं।)

जाति के अन्दर जाति के बाहर

ढोल के अन्दर पोल के बाहर

जात तुम्हारी जात हमारी

एक है लेकिन बात तो ये है

जात तुम्हारी जात हमारी

एक तो है पर एक नहीं है

जात तुम्हारी जात हमारी

एक हो कैसे तुम तो पढ़े हो

जात तुम्हारी जात हमारी

एक हो कैसे हम हैं ज़ाहिल

जात हमारी, जात तुम्हारी

एक तो हैं, पर एक नहीं हैं

जात हमारी एक नहीं है

एक नहीं है जात हमारी

एक नहीं है, एक नहीं है, एक नहीं है।...ऽऽऽ

(ब्रजलाल सिरमू और रागनी सिरमू होश में आ जाते हैं
और उठकर खड़े हो जाते हैं।)

ब्रजलाल सिरमू : यह सच्चाई किसने कही... मैं जीवित हो उठा।

रागनी सिरमू : जान में जान आ गयी...ओ गॉड! मैं तो डर ही गयी थी
कि मेरी और लाला सिरमू की जाति एक ही है।

ब्रजलाल सिरमू : कालू सिरमू, तुम समझदार हो।

कालू सिरमू : अब समझ मिली है, पहले न थी।

(कालू सिरमू और लाला सिरमू गाते हैं।)

उल्लू हमको बना रहे हो

जात-पाँत का पाठ पढ़ाकर

झूठे सपने दिखा-दिखाकर

तेल में पानी मिला-मिलाकर

उल्टा-सीधा दिखा-सुनाकर

उल्लू हमको बना रहे हो

जात-पाँत का गोरखधन्धा

देखो वोट बटोरे अन्धा

जाति का फैलाकर धन्धा

गुड़ में मिट्टी मिला-मिलाकर

उल्लू हमको बना रहे हो।

जल्दी-जल्दी में

<u>पात्र</u>

आनन्द

प्रकाश

श्रीमती प्रकाश

वरुण

तरू

रामसेवक

इंस्पेक्टर

रिपोर्टर

जमादार

अन्य

(मंच पर अँधेरा है। धीरे-धीरे बहुत हल्का प्रकाश आता है। बैकग्राउंड से सस्पेंस पैदा करने वाला संगीत शुरू होता है जो क्रमशः बढ़ता जाता है। मंच पर लुके-छिपे ढंग से दो लड़कों का प्रवेश। उनके हाथ में एक पैकेट है। लगता है वे लोगों की निगाहें बचाकर कुछ करना चाहते हैं। मंच पर पर्याप्त प्रकाश न होने की वजह से लड़कों को पहचाना नहीं जा सकता। वे मंच पर इधर-उधर कोई उचित जगह खोज रहे हैं। उन्हें उचित जगह मिल जाती है। दर्शकों की ओर पीठ करके वे कुछ करते हैं जिन्हें दर्शक देख नहीं पाते। दोनों लड़के भाग जाते हैं। मंच पर प्रकाश आता है। सुबह का समय है। मंच के बीचों-बीच

एक गली का आभास होता है जिसके दोनों ओर दो मकान बने हैं। गली के अन्दर अखबारवाला (रामसेवक) साइकिल से आता है। अचानक वह ब्रेक लगाता है। गली में पड़ी कोई चीज़ वह देखता है।)

रामसेवक : सुबह ही सुबह...राम-राम *(ज़ोर से आवाज़ देता है)* प्रकाश बाबू, आनन्द बाबू अपने-अपने अखबार ले लीजिए...मैं गेट तक नहीं आ सकता।

(कोई कुछ जवाब नहीं देता। रामसेवक गली में पड़ी चीज़ को ध्यान से देखता है और फिर आवाज़ देता है।)

रामसेवक : *(साइकिल की घंटी बजाकर)* प्रकाश बाबू।

प्रकाश : *(केवल आवाज़ आती है)* अरे रामसेवक, क्यों शोर मचा रहे हो। डाल दो अख़बार...मैं पूजा पर बैठा हूँ।

रामसेवक : बीच में तो जीव-हत्या हुई पड़ी है...मैं गेट तक कैसे आऊँ?

प्रकाश : क्या कह रहे हो, जीव-हत्या?

रामसेवक : बड़ा पाप लगेगा...

(दूसरे मकान से आनन्द निकलकर आते हैं।)

आनन्द : क्या है? रामसेवक...क्या हो गया?

रामसेवक : आप लोग अपने-अपने अख़बार ले लीजिए...मैं गेट तक नहीं आ सकता।

आनन्द : क्यों? क्या बात हो गयी?

रामसेवक : बता तो रहा हूँ इतनी देर से, जीव-हत्या हो गयी है।

आनन्द : कहाँ?

रामसेवक : अरे, आप लोगों के फाटक के सामने, गली के बीचों-बीच ...ये देखिए।

आनन्द : हाँ, ये तो है। *(आवाज़ देते हैं)* अरे प्रकाश बाबू...प्रकाश बाबू...

रामसेवक : पूजा पर बैठे हैं...

आनन्द : अरे, पूजा तो हो ही जायेगी...ये मैटर सीरियस है... *(आवाज़ देते हैं)* प्रकाश बाबू जल्दी बाहर आइये...

(प्रकाश बाबू पूजा के कपड़ों में ही बाहर आ जाते हैं।)

प्रकाश : क्या हो गया...सुबह-सुबह...नाली से पानी बहा है...

आनन्द : नहीं जी...वह तो छोटी बात है...जीव-हत्या हो गयी है।

प्रकाश : *(गली में देखते हुए)* कहाँ है, क्या है?

रामसेवक : सर, आप बिना चश्मा लगाये देख रहे हैं...

(पीछे से श्रीमती प्रकाश चश्मा लिए आती हैं। प्रकाश जल्दी से चश्मा लगा लेते हैं।)

श्रीमती प्रकाश : हाय राम...किसने मारकर यहाँ डाल दिया है?

रामसेवक : लीजिए... अपने-अपने अख़बार... मैं चला।

आनन्द : रामसेवक, किसी से कहना नहीं।

रामसेवक : अरे, पूरी कॉलोनी को पता है...आप लोग ही नहीं जानते।

(रामसेवक चला जाता है।)

(आनन्द बाबू के पीछे उनका आठ साल का बेटा वरुण और प्रकाश के पीछे उनकी लड़की तरू आकर खड़े हो जाते हैं।)

वरुण : ये क्या...ये तो माम्मेलिया (Mammalia) है...

तरू : रोडिन्टिया (Rodentia))

वरुण : मुरोआइडिया (Muroidea)

आनन्द : अरे, तुम लोग ये क्या बक रहे हो?

वरुण : ये लैटिन है पापा।

प्रकाश : पर कह क्या रहे हो?

तरू : डैडी, ये तो वही है जिसने...चौथाई योरोप को चट कर डाला था। मालूम है न आपको, पता है ब्लैक डेथ?

प्रकाश : अरे, तुम प्लेग की बात कर रही हो?

तरू : हाँ पापा!

आनन्द : अजी ये यहाँ आया कहाँ से?

प्रकाश : हम तो शाकाहारी हैं...पता नहीं...

आनन्द : आप कहना चाहते हैं, ये सब हमने किया है? कमाल है...

श्रीमती प्रकाश : देखिए, हमारे घर में क्यों आया होगा?

आनन्द : क्यों...चूहे क्या सिर्फ़ मांस खाते हैं!

श्रीमती प्रकाश : हम लोग तो जल्दी ही सो जाते हैं...आपके यहाँ टी.वी.

देर तक चलता रहता है।

आनन्द : देखिए, गली में उसकी पोज़ीशन आपके गेट से ज़्यादा करीब है।

प्रकाश : आप उधर से देख रहे हैं...इधर से देखेंगे तो उसकी पोज़ीशन आपके गेट से ज़्यादा निकट है।

आनन्द : देखिए, हम दोनों पूरे दिन इसी तरह खड़े बहस करते रहेंगे...इसको यहाँ से हटाने की सोचिए।

प्रकाश : मैं तो मरे हुए चूहे को छू भी नहीं सकता।

आनन्द : आप तो ऐसे कह रहे हैं जैसे मरे हुए चूहे फेंकना मेरा पेशा है।

श्रीमती प्रकाश : अभी गली साफ़ करने ज़मादार आयेगा...उसे दस रुपये दीजिएगा तो उठाकर फेंक देगा।

आनन्द : आप यही साबित किए चली जा रही हैं कि यह मोटा-सा चूहा...मैंने मारकर यहाँ डाल दिया है, इसलिए ज़मादार को दस रुपये मैं दूँ...जी नहीं...ज़मादार को पाँच रुपये आप लोग देंगे...पाँच मैं...

प्रकाश : आप अपनी ज़िद नहीं छोड़ेंगे...खैर...!

(ज़मादार आता है। लम्बी झाड़ू हाथ में लेकर मोटे चूहे को देखने लगता है)

ज़मादार : अरे जी...ये क्या?

आनन्द : *(प्यार से)* कुछ नहीं भाई...चूहा...किसी ने यहाँ डाल दिया है...फाड़ डालो इसे भी...

ज़मादार : वाह जी, वाह...मुर्दा उठाने वाली गाड़ी बुलाओ...

प्रकाश : गाड़ी?

ज़मादार : हाँ...हाँ, पुलिस को फ़ोन करो...

आनन्द : पुलिस?

ज़मादार : हाँ, वही भेजेंगे तो आयेगी...

प्रकाश : यार, पुलिस पहले तो एफ.आई.आर. दर्ज करायेगी...मैं तो नहीं जाऊँगा।

आनन्द : तो मैं भी नहीं जाऊँगा।

प्रकाश : *(जमादार से)* अरे भाई...कूड़े में दाब ले इसे...दस रुपये...

जमादार : सौ भी दोगे तो नहीं उठाऊँगा। एक बार फँस चुका हूँ...जीव-हत्या तो अपराध है...तीन महीने अदालत के चक्कर लगाये थे। ...मैं तो गली में झाड़ू भी न दूँगा। इसे हटवाओ आप लोग...चूहों से प्लेग फैलता है...क्यों मोहल्लों में प्लेग फैलाना चाहते हो...मैं तो चला।
(जमादार चला जाता है।)

आनन्द : ये तो पब्लिक हेल्थ इशू आ गया...बड़े सीरियस दफ़ा लगते हैं...प्रकाश जी, कुछ सोचो।

तरू : पापा, कैलाश अंकिल का फ़ोन आया है...कह रहे हैं...हमने ऐसा-ऐसा सुना है...हम आ तो नहीं सकते...पर

प्रकाश : ओफ...फोह...मतलब बात फैल गयी है।

वरुण : *(आनन्द से)* पापा, चैनल 'चार बीस' वालों का फ़ोन आया है...

आनन्द : कह दो यहाँ कोई नहीं है।

प्रकाश : *(पत्नी से)* चलो जी...गाड़ी निकालते हैं...घर में ताला मारो...चलो...

आनन्द : प्रकाश जी...अपराध की जगह से भागने वाला ही अपराधी होता है...ये तो आपने सिद्ध कर दिया कि अपराधी...

वरुण : पापा, टी.वी. पर ब्रेकिंग न्यूज़ चालू हो गयी।
(गाड़ी रुकने की तेज़ आवाज़। चैनल का रिपोर्टर कानों में हेडफ़ोन लगाये....दौड़ता हुआ मंच पर आता है। उसके हाथों में माइक है, कैमरामैन कैमरा लिए है।)

रिपोर्टर : इससे पहले तो यहाँ कोई चैनल नहीं आया न?

वरुण : नहीं।

रिपोर्टर : ग्रेट...इन्क्रीमेंट पक्का हो गया... *(फ़ोन पर)* स्टूडियो...मीनाक्षी ...चौबीस घंटे ख़बरें देने वाला 'चार बीस' चैनल, आपके लिए एक बड़ा स्कूप ला रहा है...हैलो...मीनाक्षी...ठीक है... ओ.के. ...लोकेशन पर अच्छा-खासा तनाव देखा जा सकता

है मीनाक्षी...हाँ, लोग घरों में छिपे बैठे हैं..मकान नम्बर...एक सौ दस और ग्यारह के बीच...यानी घटना-स्थल पर मैं मौजूद हूँ...देखिए, यही जगह है, जहाँ आज सुबह...एक मोटे चूहे... मतलब परिवार के मुखिया लग रहे हैं...आप देख सकते हैं...इनकी पत्नी और बेटे, बेटियाँ भी होंगी...एक परिवार के साथ दूसरे भी होंगे..पूरा मोहल्ला होगा...यस मीनाक्षी...ठीक जा रहा है...यस अच्छा...अच्छा...बाइट चाहिए...ठीक है।
(रिपोर्टर दौड़कर श्रीमती प्रकाश के पास जाता है। माइक सामने कर देता है।)

रिपोर्टर : मैडम...आपको कैसा लग रहा है?

श्रीमती प्रकाश : ज...जी....कैसा....

(तरू हाथ उठाती है। रिपोर्टर देखता है। तरू की तरफ़ जाता है। माइक सामने लगाकर।)

रिपोर्टर : हाँ...आप बताइये...आपको कैसा लग रहा है...

तरू : हमको वैसा ही लग रहा है जैसा आपको लग रहा है अंकिल।

रिपोर्टर : ओ.के...ओ.के., आप क्या महसूस कर रही हैं?

तरू : अंकिल आपको देखकर हँसी आ रही है।

रिपोर्टर : देखा आपने मीनाक्षी...इलाके के लोग कितने तनाव में हैं...और अब तक कोई सहायता...भी नहीं...आई है...प्लेग फैलने की सम्भावना से इनकार नहीं किया जा सकता...यह भारत का दूसरा शहर होगा...जी हाँ...दूसरा...ओ.के. मीनाक्षी...क्या स्टूडियो में एक्सपर्ट आ गये हैं। ओ.के. मीनाक्षी...ओ.के., दो लॉन्ग शॉट, तीन मीडियम...चार क्लोज़अप...फाइन...पी.टू.सी...हाँ...हाँ...रामबाग़ कालोनी के लोग जिन कठिन हालात का सामना कर रहे हैं, उनका अनुमान लगाना मुश्किल नहीं है...शहर के इतिहास में शायद पहली बार हुआ है कि एक नयी कॉलोनी में मरे हुए चूहे पाये गये हैं...यह डॉक्टरी जाँच के बाद ही पता चल सकेगा कि चूहों के मरने का कारण क्या है और आने वाला समय

ही बतायेगा कि हालात क्या मोड़ लेते हैं...कैमरामैन जुगनू के साथ सरताज़ 'चार बीस' चैनल के लिए...ओ.के.।

(पुलिस इंस्पेक्टर का प्रवेश।)

रिपोर्टर : *(दौड़कर इंस्पेक्टर से)* आपकी क्या राय है इस घटना के बारे में...

(इंस्पेक्टर रिपोर्टर को हटाते हुए।)

इंस्पेक्टर : मकान नम्बर एक सौ दस और एक सौ ग्यारह के आनन्द और प्रकाश...आप लोगों के लिए गिरफ़्तारी का वॉरण्ट है...

आनन्द : क्यों?

इंस्पेक्टर : पब्लिक हेल्थ के लिए आप दोनों खतरा बन गये हैं...

(रिपोर्टर कैमरा इंस्पेक्टर पर लगा देता है। माइक भी सामने कर देता है।)

प्रकाश : ऐसा नहीं है जी...

इंस्पेक्टर : ये तो अदालत में ही साबित करना...अभी तो आप दोनों को हिरासत में लिया जाता है।

(वरुण और तरु गली में पड़े चूहे की तरफ़ बढ़ते हैं। इंस्पेक्टर उन्हें देखकर)

इंस्पेक्टर : बच्चों...सबूत के पास न जाओ...इसे अब पुलिस कस्टडी में लिया जायेगा...यह बहुत बड़ा प्रमाण है।

(वरुण और तरु चूहे को उठा लेते हैं।)

तरु : ...इंस्पेक्टर अंकिल...देखिए....

इंस्पेक्टर : अरे....ये तो...

वरुण : हाँ...कागज़, कपड़े, रुई, बाँस और गत्ते का है...

रिपोर्टर : *(फ़ोन पर)* हैलो-हैलो, मीनाक्षी...स्टोरी रोको...प्लीज़ रोक लो...क्या कहा 'एयर' हो गयी है...अरे बाबा, गयी नौकरी... गयी...गयी...चली गयी नौकरी...

(माइक से अपना सिर पीटने लगता है, तरु और वरुण नकली चूहा दर्शकों को दिखाते हैं)।

ज्ञान मार्ग

पात्र

गुरु

राजकुमार-1

राजकुमार-2

राजकुमार-3

शेर

चूहा

(तीन राजकुमार गुरुकुल में अपनी पढ़ाई पूरी करने के बाद घर लौट रहे हैं। तीनों घने जंगल से गुज़र रहे हैं।)

राजकुमार-1 : हम तीनों इस बात पर गर्व कर सकते हैं कि हमने ज्ञान प्राप्त कर लिया है।

राजकुमार-2 : संसार में कितने कम लोगों को यह सौभाग्य प्राप्त होता है।

राजकुमार-3 : पर हम सबका ज्ञान बराबर नहीं है।

राजकुमार-1 : क्या मतलब है तुम्हारा?

राजकुमार-3 : मेरा ज्ञान तुम दोनों के ज्ञान से अधिक है।

राजकुमार-1 : कैसी मूर्खता वाली बातें कर रहे हो। मैं तुम दोनों से बड़ा हूँ। मेरे ही पास ज़्यादा ज्ञान है।

राजकुमार-2 : मैं तो गुरुकुल आने से पहले भी पढ़ता था। मेरा ज्ञान तुम दोनों से ज़्यादा है।

राजकुमार-1 : मेरे पिता बहुत बड़े ज्ञानी हैं। उनका पुत्र होने के नाते मैं तुम दोनों से ज़्यादा विद्वान हूँ।

राजकुमार-2 : पिता से क्या होता है? मेरी तो माता जी देश की मानी हुई विदुषी हैं...मैं उनके पेट में नौ महीने रहा हूँ...तुम दोनों मेरा मुकाबला नहीं कर सकते।

राजकुमार-3 : मेरे घर के सेवक तक महापण्डित हैं...तुम दोनों मेरे आगे मूर्ख हो।

राजकुमार-1 : यही बात है, तो चलो परीक्षा हो जाये।

राजकुमार-3 : यही बात है तो तुम अपने ज्ञान का परिचय दो।

राजकुमार-2 : ज्ञान का परिचय ज्ञानी को दिया जाता है मूर्खों को नहीं।

राजकुमार-3 : तुम मेरा अपमान कर रहे हो।

राजकुमार-1 : अपने ज्ञान का परिचय दो, नहीं तो हम तुमको दण्ड देंगे।
(राजकुमार-2 इधर-उधर देखता है। उसे किसी जानवर की हड्डियाँ पड़ी दिखाई देती हैं।)

राजकुमार-2 : ये हड्डियाँ देख रहे हो?

राजकुमार-1 : हाँ।

राजकुमार-2 : मैं अपने ज्ञान से बता सकता हूँ कि ये हड्डियाँ शेर की हैं।

राजकुमार-3 : बस, यह तो बहुत मामूली बात है। मैं तो अपने ज्ञान से इन हड्डियों पर मांस, उनमें रक्त और उसके ऊपर खाल मढ़ सकता हूँ। लो मैं मन्त्र पढ़ता हूँ।
(राजकुमार-3 मन्त्र पढ़ता है और शेर की हड्डियों पर मांस, उनमें रक्त और उसके ऊपर खाल आ जाती है।)

राजकुमार-1 : अरे हाँ...यह तो हो गया।

राजकुमार-3 : मूर्खों...अब तो तुम समझे...मैं तुम सबसे बड़ा विद्वान हूँ।

राजकुमार-1 : लेकिन, क्या तुम इसमें प्राण भी डाल सकते हो?

राजकुमार-3 : नहीं...पर यह तो तुम भी नहीं कर सकते।

राजकुमार-1 : मैं इसमें प्राण भी डाल सकता हूँ।

राजकुमार-2 : पर ऐसा मत करना।

राजकुमार-1 : क्यों?

राजकुमार-2 : उसके बाद शेर हमें खा जायेगा।

राजकुमार-1 : पर मुझे तो सिद्ध करना है कि मैं तुम दोनों से बड़ा ज्ञानी हूँ।

राजकुमार-3 : नहीं-नहीं..., शेर हमें खा जायेगा।

(राजकुमार-1 मन्त्र पढ़ता है और शेर जीवित हो जाता है। शेर दहाड़कर उनकी तरफ़ बढ़ता है। वे बचने की कोशिश करते हैं।)

राजकुमार-2 : अब हम बच नहीं सकते।

राजकुमार-3 : शेर हमें खा ही जाएगा।

राजकुमार-2 : अरे, वो देखो वो कौन आ रहा है?

राजकुमार-3 : अरे, वो तो गुरुजी हैं।

(गुरुजी पास आ जाते हैं।)

राजकुमार-2 : गुरुजी, हम लोग संकट में पड़ गये हैं।

गुरु : मैं जानता हूँ...

राजकुमार-1 : गुरुजी, हमारी जान बचाइए।

गुरु : मुझे मालूम था कि तुम लोगों के अन्दर अभी अहंकार बहुत है और तुम अपने ज्ञान से अपना नुकसान भी कर सकते हो। इसलिए मैं तुम लोगों के पीछे-पीछे आ रहा था।

राजकुमार-1 : गुरुजी, मुझसे बड़ी गलती हो गयी है...शेर हम सबको खा जायेगा।

गुरु : अब मैं अपने ज्ञान से इस शेर को बकरी बना दूँगा।

(गुरु मन्त्र पढ़ता है। शेर बकरी बन जाता है और मिमियाने लगता है।)

गुरु : शिष्यो, ध्यान रहे वह ज्ञान जिससे अपना या दूसरों का नुकसान हो ज्ञान नहीं बल्कि अज्ञान है। ज्ञान तो सबकी भलाई के लिए ही होता है।

सभी अभिनेता : *(एक साथ कई बार कहते हैं)* ज्ञान तो सबकी भलाई के लिए ही होता है।

❑❑❑

www.ingramcontent.com/pod-product-compliance
Lightning Source LLC
LaVergne TN
LVHW041657190726
843493LV00007B/1834